BEI GRIN MACHT SICH IHR WISSEN BEZAHLT

AF137242

- Wir veröffentlichen Ihre Hausarbeit,
  Bachelor- und Masterarbeit

- Ihr eigenes eBook und Buch -
  weltweit in allen wichtigen Shops

- Verdienen Sie an jedem Verkauf

Jetzt bei www.GRIN.com hochladen
und kostenlos publizieren

Gangs als attraktiver Zufluchtsort für Jugendliche. Anreize für den Eintritt und Verbleib in Jugendgangs

Bibliografische Information der Deutschen Nationalbibliothek:

Die Deutsche Nationalbibliothek verzeichnet diese Publikation in der Deutschen Nationalbibliografie; detaillierte bibliografische Daten sind im Internet über http://dnb.d-nb.de abrufbar.

ISBN: 9783346250698
Dieses Buch ist auch als E-Book erhältlich.

© GRIN Publishing GmbH
Nymphenburger Straße 86
80636 München

Alle Rechte vorbehalten

Druck und Bindung: Books on Demand GmbH, Norderstedt Germany
Gedruckt auf säurefreiem Papier aus verantwortungsvollen Quellen

Das vorliegende Werk wurde sorgfältig erarbeitet. Dennoch übernehmen Autoren und Verlag für die Richtigkeit von Angaben, Hinweisen, Links und Ratschlägen sowie eventuelle Druckfehler keine Haftung.

Das Buch bei GRIN: https://www.grin.com/document/923359

Gangs - ein attraktiver Zufluchtsort für Jugendliche?

Eine Analyse der Anreize über den Eintritt und Verbleib in Jugendgangs

Inhaltsverzeichnis

1. Einleitung: Das Phänomen der Jugendgangs als zentrales Problem

„Wie viele Menschen hat Ihre Gang unter Ihrer Führung ermordet?"
„Etwa 150. Ich habe dem Richter jeden Mord geschildert. Irgendwann haben wir unsere Opfer zerhackt und enthauptet, auch bei lebendigem Leib. Eine Art Wettbewerb unter uns Banden: Wer mordet am grausamsten."
(Wiechmann 2017)

Kriminelle Jugendgangs sind ein weit verbreitetes Problem und dennoch wird es wenig themati-siert und diskutiert, da vor allem in den letzten 20 Jahren die Forschung zu Jugendgangs deutlich abgenommen hat. Das Problem ist jedoch noch immer so präsent wie zuvor, da vor allem in Zentralamerika Gangs die Straßen regieren. In Deutschland sind Jugendgangs eher ein kurzfris-tiges, epochales Phänomen, welches sich oft nach der Adoleszenz auflöst, wenn die Mitglieder erwachsen werden. Die USA hingegen ist am stärksten von der Gang-Problematik betroffen. Hier gibt es tradierte Gangs, die bereits seit Generationen bestehen (vgl. Baumann 2010, S. 193). Eine Gang als Beispiel ist die mara. Die maras bestehen seit mehreren Jahrzehnten vor allem in Zentralamerika und nehmen ganze Städte ein. Insbesondere in Honduras, Guatemala und EL Salvador sind sie stark verbreitet (vgl. Peetz 2004, S. 49). Hier werden allein in El Salva-dor die Mitgliederzahlen auf ungefähr 60.000 geschätzt (vgl. Wiechmann 2017). Oben genanntes Zitat stammt von einem Reporter, welcher mit einem ehemaligen Gang-Anführer der Barrio 18 gesprochen hat und zeigt schon jetzt, welch großes Ausmaß die Gangs auf ihre Länder haben, wenn sie im Stande sind, oft so grausam töten zu können.

Oftmals gehen Gangmitglieder so weit, dass sie erpressen, stehlen und töten, um sich und ihre Gang zu erhalten und beschützen. Aufgrund des Zustandes in Ländern wie Zentralamerika soll sich diese Hausarbeit nun mit dem Thema genauer beschäftigen. Das Ziel der Arbeit besteht darin, die Frage zu klären, warum Gangs für Jugendliche so ein attraktiver Zufluchtsort sind und welche Anreize für die Mitglieder bestehen, um einzutreten und ihnen so lange erhalten zu blei-ben.

Die Arbeit behandelt zuerst allgemein im Theoriekapitel das Thema Jugendgangs, definiert diese und nennt Charakteristiken und Merkmale. Im weiteren Verlauf wird sich mit dem Strukturtypus der Jugendgangs beschäftigt und geschaut, wie diese aufgebaut sind, wie die Hierarchie aus-schaut und was das Territorium für eine Bedeutung hat. Daraufhin wird Bezug auf die Rekrutie-rung neuer Mitglieder genommen, welche im Alltag von Jugendgangs eine erhebliche Rolle spielt. Im anschließenden Kapitel wird die Gruppensoziologie genau betrachtet und Gemeinsam-keiten und Differenzen zwischen Gangs und Gruppen werden herausgearbeitet, um die wichtige Frage beantworten zu können, ob Gangs als Gruppen verstanden werden können. Der zweite

Hauptteil, der empirische Teil dieser Arbeit, widmet sich dem schon genannten Beispiel der ma-ras. Hier wird vorerst erklärt, worüber sie sich charakterisieren, wie sie strukturiert sind und wie sie überhaupt zustande gekommen sind. Anschließend wird sich auch in diesem Kapitel auf die Gruppensoziologie bezogen, da sich die Frage stellt, ob eine internationale Gang in solch einer Größe auch noch als Gruppe bezeichnet werden kann. Anschließend werden Gründe dargelegt, warum Jugendliche in Gangs, speziell in die maras eintreten und ihnen ihr Leben widmen. Dafür wird auch die Jugendsoziologie genauer in Betracht genommen. Um nun die Frage beantworten zu können, warum Jugendliche in den Gangs bleiben, werden anschließend die Mitgliedschafts-motivationen Zwang und Kollegialität als Paradox dargestellt. Zuletzt wird auf die Anomietheorie von Merton eingegangen, um den Eintritt und Bestand in und von Jugendgangs noch einmal rein soziologisch erklären zu können.

2. Reflexion über Daten und Quellen

Einleitend in den Hauptteil der Hausarbeit wird vorerst eine Reflexion über Methoden, Quellen und Daten vorgestellt. Diese Arbeit beschreibt sich als eine sekundäranalytische Reinterpretation und bedient sich vorwiegend theoretischer, jedoch auch journalistischer, empirischer Literatur für die Darstellung des Beispiels der maras. Zwar können journalistische Artikel nicht dem wissen-schaftlichen Standard zugeordnet werden, dennoch stellen sie eine sehr gute Veranschauli-chung für die Problematik des Phänomens maras dar, da aus eigenen Erfahrungen des Autors berichtet wird.

Die Literatur besteht aus einer Mischung von Organisations- und Gruppensoziologie, da im Laufe der Hausarbeit deutlich wird, dass sich Gangs als ein Hybrid zwischen beiden Strukturtypen ver-stehen können. Für die Erklärung der Gruppensoziologie werden Texte von Neidhardt, Tyrell und Kühl verwendet und mit einem systemtheoretischen Verständnis behandelt. Aufgrund vieler mangelnder und nicht eindeutiger Definitionen für Gruppen, stellt sich in dieser Arbeit heraus, dass eine genaue Definition schwierig ist. Für Teile der Organisationssoziologie wird ebenso Kühl angewendet, jedoch soll der Fokus dieser Arbeit schließlich primär auf der Gruppensozio-logie anstelle der Organisationssoziologie liegen, weshalb nur das nötigste von ihr verwendet wird, da es sonst den Rahmen der Arbeit sprengen würde.

Kapitel 3.1. behandelt neben soziologischer Literatur zu Jugendgangs noch die Signaling-Theo-rie von Densley, um die Rekrutierung neuer Mitglieder optimal darzulegen. Auch in der Definition von Jugendgangs wurde deutlich, dass bei ihr -wie in der Gruppensoziologie- wegen vieler un-eindeutiger und verschiedener Definitionen eine genaue sich als sehr schwierig erweist.

Im zweiten Hauptteil, dem empirischen Teil dieser Hausarbeit, wird sich vor allem Fachliteratur über die maras und journalistischer Artikel sowie einer Dokumentation der maras bedient. Es wird jedoch auch noch einmal Literatur der Organisationssoziologie von Kühl angewandt. Als

Theorie der Hausarbeit wird die Anomietheorie von Merton analysiert, um die gesamte Entstehung, das Eintreten und den Erhalt von Gangs zu erklären.

3. Theoriekapitel

Das folgende Theoriekapitel beschäftigt sich mit der Thematik der Jugendgangs und der Einord-nung in die Gruppensoziologie. Vorerst werden Jugendgangs definiert, im Nachhinein wird auf Merkmale und Charakteristiken eingegangen. Ein weiterer Fokus wird anschließend daraufge-legt, wie Jugendgangs strukturiert sind, welche Hierarchien entstehen und wie die Rekrutierung neuer Mitglieder ausschaut. In Kapitel 3.2. wird die Gruppensoziologie definiert. Hier wird das systemtheoretische Vokabular angewandt, da einem systemtheoretischen Verständnis von Gruppen gefolgt wird. Zur Erklärung werden Texte von Kühl, Neidhardt und Tyrell verwendet[1].Ab-schließend wir die Frage geklärt, welcher Zusammenhang zwischen Jugendgangs und der Grup-pensoziologie besteht.

3.1. Jugendgangs

> „The gang is an interstitial group originally formed spontaneously, and the integrated through conflict. It is characterized by the following types of behavior: meeting face to face, milling, movement through space as a unit, conflict, and planning. The result of this collective behavior is the development of tradition, unreflective internal structure, esprit de corps, solidarity, mo-rale, group awareness, and attachment to a local territory." (Thrasher 1968, S. 46)

Obiges Zitat nennt fast alle wichtigsten Punkte, die für einen kurzen Überblick für Jugendgangs wichtig sind. Da das Thema „Jugendgangs" aber erwartungsgemäß in den wenigen Worten nicht erklärbar ist, wird im folgenden Kapitel eine genaue Beschreibung der Jugendgangs dargelegt. Eine verbreitete, alleinige Definition für Gangs gibt es nicht. Generell kann aber gesagt, werden, dass „Gangs [...] auf engem Raum agierende, auf ein Territorium begrenzte, homogene Gruppen [sind], die sich ursprünglich spontan formiert haben und sich dann durch Konflikte integrieren" (Thiele 1996, S.335). In diesem Zitat sind vier wichtige Punkte, über die Gangs definiert werden können, genannt: ihr Territorium, die Homogenität, die Spontanität und die Konflikte. Wie Gangs aus der Spontanität heraus entstehen können, beschreibt Thrasher genauer. In seiner Definition (siehe oben) erwähnt er zwar die spontane Bildung, beschreibt es vorher in seinem Buch aber exakter: Gangs bilden sich oft aus Spielgruppen heraus. Kinder treffen sich in ihren Wohngebie-ten, oft Slums und verabreden sich zum Spielen. Durch den engen Raum tritt schnell Konfliktpo-

---

[1] Zwar wurden im Seminar zu dem Thema noch Texte von beispielsweise Shils, Wilke, Geser, Wimmer oder Schäfers behandelt, jedoch werden in dieser Arbeit aufgrund des geringen Rahmens nur oben genannte gefolgt.

tenzial zwischen den einzelnen Gruppen auf, da alle Anspruch auf ihren eigenen Platz zum Spie-len- ihr Territorium- erheben (vgl. 1968, S. 23). Aufgrund dieser spontanen Bildung als Spiel-gruppe entwickeln sich mit der Zeit jugendliche Gruppen, die die Rivalität untereinander immer weiter ausbauen und ihr Territorium und ihre Freunde[2] beschützen. Letztere sind weitere zwei wichtige Merkmale, die Thiele beschreibt. Sie zählen zu ihren Bedingungen, um eine Gang so nennen zu dürfen: Territorialität, eine stabile Mitgliedschaft, internale Strukturen (Anführer und Rollenzuweisungen) und face-to-face-Kommunikation (vgl. 1996, S. 336). Doch dazu später mehr.

Gangs bestehen aus mindestens drei, meistens aber sechs bis 20 Mitgliedern (vgl. Thrasher 1968, S. 222) und werden im Deutschen auch Banden genannt, die einen „Zusammenschluss mehrerer kooperierender Straftäter bzw. für die damit einhergehende kriminelle Vereinigung" (Frey 2018, S. 334) bilden. Der Punkt der Kriminalität ist eine der wesentlichen Eigenschaften, weshalb sich eine Gang von anderen Gruppen abgrenzt. Es gibt Gruppen wie Gangs, welche sich nach kriminellzentrierten Aktivitäten formen und jene, die sich über sozialzentrierte Aktivitä-ten formen. Diese können zum Beispiel sein: Freundschaftsgruppen, Sportmannschaften oder ein Schuljahrgang (vgl. White 2013, S. 18f). Doch nicht nur durch den Punkt der Kriminalität grenzen sich Jugendgangs von anderen Gruppen ab. Reine Stadtteilcliquen oder Jugendgrup-pen definieren sich beispielsweise über einen lockeren Rahmen und somit einer Zugehörigkeit, der es keiner ausgesprochenen Definition bedarf. Der Hauptgrund liegt darin, sich zwecklos zu treffen und Zeit miteinander zu verbringen. Illegale Handlungen spielen hier eher eine Neben-rolle. Aus diesen Punkten wird deutlich, dass sich Gangs als eine geschlossene Gruppe definie-ren und auch von ihrem Umfeld als solche wahrgenommen werden (vgl. Baumann 2010, S. 94). Im Deutschen gibt es, wie oben bereits gesagt, keinen Unterschied zwischen Gangs und Ban-den. Thrasher legt diesen jedoch genau fest und grenzt Banden somit von Jugendgangs ab[3]. Banden sind in seinen Augen lediglich ursprüngliche Spielgruppen, welche im Wettstreit um be-schränkte Freiräume und Territorien kämpfen und somit Konkurrenzgruppen entwickeln. Gangs formieren sich schließlich als richtige Organisation, die sich durch Führungspersonen, feste Mit-gliedschaften und Traditionen auszeichnen, um so eine möglichst feste Stabilität zu erlangen. Hier herrscht die übereinstimmende Meinung, dass sie als Gesetzlose gegen die vorhandenen Normen und das System antreten (vgl. Youkhana 1996, S. 54).

Wie durch die hier beschriebene Definition bemerkbar wurde, heben sich Gangs mit vielen Merk-malen von anderen Gruppen ab: Sie stellen eine geschlossene Einheit, die als selbstorganisierte Gruppe verstanden werden kann, die einen Gang-Namen und eigene wiedererkennbare Sym-bole trägt. Weiterhin einen Anführer besitzt und durch diesen geleitet wird, über ein eigenes Ter-ritorium verfügt und herrscht und gemeinsame Tätigkeiten zur Durchführung illegaler Aktivitäten

---

[2] Aufgrund des deutlich größeren Teils männlicher Geschlechter in Gangs wird für die einfachere Lesbarkeit im Zu-sammenhang mit Gangs nur die männliche Form verwendet. Es werden aber alle Geschlechter impliziert.
[3] Für ein besseres und klareres Verständnis wird in dieser Arbeit nicht von Banden gesprochen, sondern nur von Gangs, um den wesentlichen Kern dieser jederzeit klar herauszustellen.

plant (vgl. Howell 1997, S. 1).

Merkmale und Charakteristiken

Am Anfang ist es wichtig zu sagen, dass sich jede Jugendgang anders charakterisiert, beispielweise durch die Mitglieder, Mentalitäten der Anführer, Art der Organisation, Interessen, Aktivitä-ten und dem Ansehen des sozialen Umfelds (vgl. Thrasher 1968, S. 36). So ist die logische Konsequenz, dass nicht alle beschriebenen Merkmale und Charakteristiken auf jede Gang an-wendbar sind. Daher werden im diesen Kapitel primär die für uns relevanten Grundzüge darge-legt, da das Darstellen aller mögliche Eigenschaften und damit Arten von Gangs, den Rahmen der Arbeit sprengen würde.

Um die Merkmale von den Jugendgangs herauszufinden, sollte zuerst auf den Ursprung dieser geschaut werden. Denn dieser erklärt bereits die Genese und viele Verhaltensweisen der Jugendlichen. Thiele nennt in ihrem Buch die niedrige soziale Schicht als einen „Faktor der Entstehung jugendlicher Banden" (1996, S. 335). Drei dahinterstehende sozioökonomische Entstehungsgründe gibt sie wie folgt an: Zum einen werden die Armut der Jugendlichen, eine hohe Arbeitslosigkeit und Hoffnungslosigkeit dargestellt, welche sich alle gegenseitig begründen. Außerdem ist die soziale Desintegration ein weiterer Punkt für die Entstehung. Die Jugendlichen können sich aufgrund der oben genannten Lage nicht vernünftig in die Gesellschaft integrieren und fühlen sich somit ausgeschlossen. Ihr letztes Merkmal ist die ökonomische Stagnation, wel-che sich ebenso durch vor allem die Armut und die Arbeitslosigkeit erklärt. Daraus schließend weisen die Jugendlichen Charakteristiken der niedrigen sozialen Schicht, den Aufenthalt in des-organisierten Gebieten und der Aussetzung der Straßensozialisation auf (vgl. Thiele 1996, S. 335). Die niedrige soziale Schicht wird ferner durch die mangelnde Fähigkeit zur Verhaltenssteu-erung aufgrund der fehlenden Bindung an die Familien und konforme Institutionen deutlich. Dies hat problematische biographische Entscheidungsprozesse der Jugendlichen zur Folge (vgl. Küh-nel 2002, S. 1450). Das können zum Beispiel der Eintritt in eine Gang, das Ausführen krimineller Handlungen oder das Schwänzen von Schule sein.

Gangs können als eine organisierte lokale Gruppe verstanden werden (vgl. Thiele 1996, S. 336) und sind langfristig angelegt (vgl. Thiele 1996, S. 342). Die ursprünglich spontan entstandene Gruppe kann sich nach einigen Jahren in eine richtige Organisation entwickeln. Sie wird von einem Anführer geleitet, den Mitgliedern werden Positionen zugewiesen und es entstehen Tra-ditionen (vgl. Thrasher 1968, S. 26). Somit können Gangs gut verglichen werden mit jeglichen Organisationen, die auch aus Chefs, Mitarbeiter*innen oder Mitgliedern in festen Anstellungen und ihren Mustern bestehen. Denn reziproke Handlungen und auch Reaktionen sind bei den Mitgliedern ein wichtiger Bestandteil (vgl. Thrasher 1968, S. 40) und damit für den Bestand der Gruppe wesentlich. Überdies können Gangs auch durch die souveräne Ordnung, den Aufbau, die Solidarität und die Moral ebenso mit der Mafia verglichen werden. Sie kennzeichnen sich durch eine ungewöhnliche Struktur -auf welche in Kapitel 2.3. noch näher eingegangen wird- und kriminelle Handlungen, die großen Schaden anrichten können (vgl. Thrasher 1968, S. 42), zum Beispiel Mord oder (Schutzgeld-)Erpressung. Durch diese Struktur entkoppeln sie sich von jeglichen sozialen Ordnungen und Vorgaben und leben nach ihren eigenen Regeln, Normen und Traditionen (vgl. Thrasher 1968, S. 45).

Ferner ist ein weiteres sehr bedeutendes Merkmal ihr eigenes Territorium (vgl. Thrasher 1968, S. 45). Ein Territorium ist ein Viertel einer Gang (auch Gangland genannt) und stellt ein sozial und geographisch abgegrenztes Gebiet zum restlichen Teil der Stadt dar (vgl. Thrasher 1968, S. 20). Das Ziel der Gangmitglieder ist es, ihr Gebiet von der Umgebung abzugrenzen und ein geschütztes Territorium entstehen zu lassen (vgl. Dubert 1997, S. 228). Oftmals hängen dafür beispielsweise Turnschuhe an Stromleitungen, um das Revier einer Gang zu markieren. Es ent-stehen aber auch unsichtbare Grenzen, die respektiert werden müssen, da Eindringlinge sonst schnell in Gefahr geraten können (vgl. Ulferts 2019). In der Regel verkörpert das eigene Terri-torium einen Ort der kriminellen Machenschaften der Jugendgang. Diese können beispielweise der Drogenhandel sein, der Verkauf gestohlenen Dinge an die Bewohner*innen des Viertel, wie auch „illegal erworbenes Geld[, das ...] wieder unter die Leute gebracht wird" (Dubert 1997, S. 228). Wegen genannter krimineller Aktivitäten und auch, weil sie es als ihr Gebiet ansehen und kein Fremder Zutritt hat, sind die Gangmitglieder allzeit bereit, ihr Territorium vor Eindringlingen oder befeindeten Gangs mit allen Mitteln zu verteidigen (vgl. Thrasher 1968, 46). Aus diesem Grund schweben vor allem Busfahrer in großer Gefahr, da sie durch verschiedene Reviere fah-ren und somit anfällig für vor allem (Schutzgeld-)Erpressung sind (vgl. Ulferts 2019).

Die Bedrohung von befeindeten Gangs oder durch andere Jugendliche dient der Sicherung und Aufrechterhaltung von Respekt. Diesen verschaffen sie sich mit einem Bild der Härte und Ableh-nung gegen Autoritäten anderer, denen sie nicht vertrauen. Der Respekt wird oft ausgebaut durch Gewalt oder Schikanen, um anderen Angst einzuflößen (vgl. Mitchell et al. 2017, S. 1197). Die Jugendlichen lassen sich auszeichnen durch ein mangelndes Vertrauen gegenüber anderen Personen außerhalb der Gang. Dadurch entsteht ein intensiver Sinn für Konkurrenz (vgl. Kühnel 2002, S. 1450), denn jede*r Außenstehende ist ein mögliches Opfer der Gang (vgl. Thiele 1996, S. 336).

Ihr Merkmal sind die vertrauten Beziehungen. Oftmals leben Mitglieder sogar zusammen (vgl. Thrasher 1968, S. 40) oder nehmen sich gegenseitig beieinander auf, wenn einer in Not ist. Dies beweist auch anfangs genanntes Zitat von Thrasher, indem er das Merkmal „esprit de corps" wahrscheinlich absichtlich im Gegensatz zur gesamten Definition nicht kursiv schreibt. Es kann vermutet werden, dass er die Eigenschaft, die so viel heißt wie Kameradschafts- oder Gemein-schaftsgeist, extra hervorheben möchte. Die Loyalität steht in Jugendgangs an oberster Stelle. „Petzen" und damit die Loyalität verletzen, ist die größte Verletzung in den ungeschriebenen Gesetzen von ihnen (vgl. Thrasher 1968, S. 202). Sobald ein Gangmitglied in Gefahr ist, helfen alle anderen ihm bedingungslos, denn Zusammenhalt ist ein wichtiges Gut in ihrer Struktur.

Diese unglaubliche Solidarität stellt jedoch nicht nur für andere Gangs oder auch einzelne Menschen Schwierigkeiten dar, sondern auch für die Kirche oder die Behörden (vgl. Thrasher 1968, S. 196). Den Mitgliedern ist es egal, ob sie Gesetze brechen oder sogar töten, um ihre Kamera-den zu retten. Wenn ihnen andere dabei im Weg stehen, kann dies bis zum Tod führen (mehr in Kapitel 3). Dies ist der Grund, warum Jugendgangs immer gewinnen. Der Wille der Mitglieder, immer alles füreinander zu geben, ist das Wichtigste in der Gruppe (vgl. Thrasher 1968, S. 195). Die Art von Gemeinschaft kann auch „Ethnozentrismus" genannt werden. Es ist eine Form des Nationalismus, bei welcher das eigene Volk als Mittelpunkt angesehen wird und gegenüber an-deren Völkern (hier Behörden, Kirche oder die allgemeine Bevölkerung) überlegen ist (vgl. Thrasher 1968, S. 211). Die Überlegenheit kann bewiesen werden an der langen Existenz von Gangs. Sie bestehen seit mehreren Jahrzehnten und finden sich vor allem in Amerika in großen Mengen. Das Land oder die Behörden sind ihnen gegenüber machtlos (siehe Kapitel 3).

Zusammengefasst kann gesagt werden, dass die Mitglieder in der Loyalität, der Mitgliedschaft als Familie, dem Ansehen der Persönlichkeit, dem Schutz, den finanziellen Vorteilen und in den Möglichkeiten für Spaß ihre Vorteile sehen. Natürlich gibt es aber auch Nachteile, die die Mitglie-der selbst empfinden (aus einer Studie von Aumair und Warron 1980 in Melbourne (Australien)): Die Inhaftierung, der schlechte Ruf, die Schwierigkeiten einen legalen Job zu erlangen, das Niederlassen mit der eigenen Familie und die Angst, verfolgt zu werden (vgl. White 2013, S. 11). Nichtsdestotrotz hält es die Jugendlichen nicht davon ab, in eine Gang einzutreten und ihr das eigene Leben zu widmen.

Strukturtypus

Laut Youkhama können aus kindlichen Spielgruppen Banden oder auch Gangs entstehen (vgl. 1996, S. 54). Sie lösen sich damit von dem Typ der Gruppe ab und nehmen die Zwischenform an. Die Entwicklung einer Gang kann in fünf Kategorien eingestuft werden: Die erste wird die *Scavenger-Gang* genannt, welche sich in einem Frühstadium der Entwicklung befindet und mit einer Jugendkultur vergleichbar ist. Anschließend kommt die Phase der *Territorial-Gang*. Beide sind zusammenzufassen als eine Entwicklungsform hin zum organisierten Stadium. Die *Com-mercial-Gang*, *Corporate-Gang* und *Covert-Gang* werden nun als organisierte Gangform in der Wachstumsphase verstanden, mit einer streng hierarchischen Führung. Dennoch unterscheiden sich alle in ihren Absichten, Zielen, der Organisationsstruktur und im Verhalten (vgl. Taylor/ Thiele 1998, S. 102). Richtige Gangs im Endstadium können laut Thrasher letztendlich als enge Organisationen angesehen werden, die auf einer geschäftlichen Basis agieren. Sie lösen sich somit immer mehr ab vom Systemtyp Gruppe und wandern hin zum Typ der Organisationen. Dies wird erkenntlich an den geheim organisierten Meetings, dem Entwickeln von Plänen und Kämpfen, den Aufgaben, welche von den Anführern an die Mitglieder übergeben werden und zuletzt daran, dass die Einnahmen zusammengelegt und auf jedes Mitglied der Gruppe in Form von zum Beispiel Bargeld, Eintrittskarten, persönlichen Gegenständen oder anderen Kleinigkei-ten übergeben werden (vgl. 1968, S. 215). Somit liegen Jugendgangs einer geschlossenen und hierarchisch gegliederten Organisationsstruktur zugrunde. Sie können als eigene Gesellschaft verstanden werden, die aber einer Organisation mit gesellschaftlichen Normen entspricht, Bei-spiele sind hierfür Familien oder auch militärische Formen. Denn der Platz jedes einzelnen Mit-glieds ist bestimmbar, wie etwa in allen Familien oder militärischen Formen (vgl. Taylor/ Thiele 1998, S. 97). Die Organisationsstruktur lässt sich weiterhin erkennen in der sorgfältigen Rekru-tierung neuer Mitglieder, die über einen längeren Zeitraum eine Art „Probezeit" zu absolvieren haben (vgl. Thrasher 1968, S. 215) (siehe Kapitel 2.5.). Weiterhin gibt es Jungendgangs, welche sich mit anderen Gangs zusammentun, um befeindeten Gangs entgegenzutreten. Damit ist klar: Eine Gang kann sich in einer Großstruktur befinden (vgl. Thrasher 1968, S. 225) und auf die Hilfe von befreundeten Gangs vertrauen, wenn sie mit feindlichen Gangs im Konflikt stehen. Hier wird abermals die Solidarität der Mitglieder und die Selbstverständlichkeit zu helfen, erkennbar.

Für die Beziehungen zu den anderen Gangs sind -wie so oft- die Anführer verantwortlich und sind ebenfalls in der Machtposition, unter bestimmten Umständen den Krieg zu erklären oder andersherum die Waffen zu entziehen. Dies veranschaulicht erneut das militärische Modell, wel-ches hinter Gangs steht. Jugendgangs spiegeln jedoch nicht nur das Modell der Organisation Militär wider, sondern auch das Modell einer gesellschaftlichen Organisation: Sie werden identi-fiziert durch den festgelegten Präsidenten (hier einem Anführer), einem Vize-Präsidenten (die rechte Hand vom Anführer) und einem Sprecher. Weiter ist ihr Territorium als ihr Geschäftsbe-reich festgelegt (vgl. Taylor/ Thiele 1998, S. 98). Durch die breit gefächerte Struktur und Hierar-chie entsteht ein umfassendes und flexibles System von Abhängigkeiten, bei dem selbst die Ärmsten durch das Gangverhalten von Vorteilen (wie beispielshalber Schutz, Unterstützung und Hilfe) profitieren (vgl. Taylor/ Thiele 1998, S. 100).

Diese Abhängigkeiten können auch als Kontrolle angesehen werden, welcher jedes Mitglied un-terliegt (vgl. Thrasher 1968, S. 204). Die Kontrolle drückt sich insofern aus, als dass alle Mitglie-der darauf achten, wie die anderen über ihr Verhalten denken und sich fragen, was wohl xy (beispielsweise der Anführer) dazu sagen würde. Durch dieses Denken wird deutlich, welches Ziel jedes Gangmitglied verfolgt: Applaus der anderen zu erhalten und angebetet zu werden. Dafür machen sie alles und verhalten sich dementsprechend nach den Ideal und Grundsätzen der Gang, um den Ruhm so schnell und weit wie möglich voran zu treiben. Somit kann das Gefühl der Macht die moralische Perspektive der Gangmitglieder vollkommen verzerren, was auch „Gang spirit" genannt wird (vgl. Thrasher 1968, S. 207ff). Dies kann so viel bedeuten wie: Willst du bestehen, musst du mitziehen. Aufgrund dieser Züge entsteht eine vollkommene Be-rechnung der Persönlichkeit und der Garantie der Zuverlässigkeit. Die Mitglieder entwickeln aus-nahmslos einen Sinn für Solidarität und Gemeinschaft und passen sich der Struktur der Gang vollkommen an, da ihnen bewusst ist, dass der Rang in ihrer Gang aus eigener Kraft erkämpft (wortwörtlich) werden muss. Genau deshalb ist eine Gang „so reich an sozialen und natürlichen"

Prozessen" (Taylor/ Thiele 1998, S. 102), weil die Struktur nicht gezwungen entsteht, sondern aus den Handlungen und Bemühungen jedes einzelnen Mitglieds. Die Rangordnung ist folglich ein Ergebnis der Interaktionen und Aktionen woraus ein System gegenseitiger Verpflichtungen resultiert, welches eine fundamentale Bedeutung für den Gruppenzusammenhalt hat (vgl. Whyte 2011, S. 260).

Denn kommt ein Mitglied seinen Aufgaben nicht nach, vernachlässig sie oder macht das, was es möchte, droht das ganze System einzustürzen und es kann schwere Folgen für das Mitglied bedeuten. Ein Resultat kann zum Beispiel der Verstoß und damit der Ausschluss aus der Gang bedeuten, dabei ist der Tod sogar keine ungewöhnliche Konsequenz (vgl. Taylor/ Thiele 1998, S. 97). Bei ihnen heißt es erbarmungslos, hat ein Mitglied den Code der Loyalität gebrochen, führt dies zur Strafe bis hin zum Tod (vgl. Thrasher 1968, S. 205). Doch nicht nur der Verstoß gegen das Fügen kann das Sterben zur Konsequenz haben, auch ein einfacher Austritt aus der Gang. Häufig kommt es vor, dass ein freiwilliger Austritt ohne größere Probleme möglich ist. Dies ist jedoch abhängig von der Stellung in der Gang und dem eigenen Durchsetzungsvermögen (Hat es genug Wille, um auszutreten?). Ist das Mitglied dann aber in alle Strukturen und Prozesse eingeweiht, muss es mit Strafen jeglicher Art rechnen (vgl. Taylor/ Thiele 1998, S. 102). Hier ist nun zu sehen, zu was die Gangmitglieder im Stande sind zu tun, wenn ihnen nicht gefällt, was jemand anderes macht. Sie schrecken vor nichts zurück und gehen soweit, eigene Mitglieder zu töten, damit die Loyalität und die Struktur der Gang aufrecht erhalten bleiben. Doch hinter der Jagd nach Anerkennung und Erfolg steckt eigentlich nur die Angst vor genau dem, was oben beschrieben wurde. Die Mitglieder fürchten sich vor oben genannten Folgen, sozialer Ächtung oder Deklassierung, weshalb die gegebenen Normen und Vorschriften ausnahmslos akzeptiert werden (vgl. Taylor/ Thiele 1998, S. 97f). Denn Spott kommt oft vor, als Art der Kontrolle. Und verspottet werden will in logischer Konsequenz niemand (vgl. Thrasher 1968, S. 206f). Daher sind physische Strafen oder Prügel keine Seltenheit, welche durch den Anführer bestimmt wer-den (vgl. Thrasher 1968, S. 205).

Zusammenfassend kann nun gesagt werden, dass das grundlegende Motiv für den Erfolg der Kontrolle Angst vor Ärger, Strafen und Prügel ist (vgl. Thrasher 1968, S. 205). Die Gangs sind so strukturiert, dass die Mitglieder vollkommen beeinflussbar sind und den Normen und Ansprü-chen durchweg folgen.

Hierarchie und Herrschaft

In diesem Teil soll nun ein kurzer Blick auf ein Strukturelement der Gangs geworfen werden: Die Hierarchie beziehungsweise Herrschaft. Das Kapitel soll dazu dienen, um erkennbar zu machen, wie streng hierarchisch Gangs wirklich aufgeteilt sind und was für eine Macht die Anführer haben. Zu Anfang ist wichtig zu nennen, dass es eine soziale und eine sachliche Komponente im Ge-flecht der Hierarchien gibt. Durch die Hierarchie beziehungsweise ein dafür erstelltes Organigramm können die sozialen Beziehungen gesteuert und das Verhalten jeden Mitglieds organi-siert werden. Auf der sachlichen Ebene werden die Zuständigkeiten der Mitglieder zugewiesen, sodass jedem seine Aufgaben und sein Platz in der Hierarchie zugeteilt wird (vgl. Kühl 2011, S. 71). Es kann direkt gesagt werden, auch in Gangs sind die klassischen Positionen grundlegend verteilt: Es gibt einen Boss (die oberste Instanz), eine Stellvertretung, Berater und ihre „Soldaten" (vgl. Frey 2018, S. 341). Positionen in einer Gang können auch in vier Ebenen aufgeteilt werden:

1) *Hardcore* (der harte Kern): Er stellt fünf bis zehn Prozent der Mitglieder dar, welche am längs-ten in der Gang sind, schon oft im Gefängnis waren, häufig arbeitslos sind und mit Drogen dealen. Das Durchschnittsalter beträgt hier Anfang bis Mitte 20. Der harte Kern hat den größ-ten Einfluss auf die Gang (vgl. Taylor/ Thiele 1998, S. 100).

2) *Regular Members* (normale Mitglieder): Bei ihnen beträgt das Durchschnittsalter 14 bis 17 Jahre. Sie sind bereits gut eingeführt in die Strukturen und unterstützen den harten Kern. Bei ihnen ist die Chance groß, aufsteigen zu können (vgl. Taylor/ Thiele 1998, S. 100f).

3) *Associates* oder *want to be's* (Verbündete oder Möchtegern-Mitglieder): Ihr Durchschnittsal-ter beträgt zwölf bis 17 Jahre und sie sind noch nicht offizielle Mitglieder. Sie bewundern die Gang jedoch und ahmen ihnen beispielweise durch das passende Outfit nach (vgl. Taylor/ Thiele 1998, S. 101).

4) *Potentials* oder *could be's* (Anwärter): Sie sind die Jüngsten und wohnen meist im Gang-Gebiet. Oftmals sind sie Familienmitglieder von Gangmitgliedern und haben noch die Wahl, ob sie in die Gang eintreten möchten oder nicht (vgl. Taylor/ Thiele 1998, S. 101).

Der harte Kern kann auch als *inner circle* bezeichnet werden und bildet sich um den Anführer (vgl. Thrasher 1968, S. 229). Die Anhänger hier sind territorial nicht so gebunden wie die restli-chen Mitglieder und können sich auch außerhalb frei bewegen (vgl. Densley 2013, S. 76).

Oftmals wechseln die Positionen innerhalb jedoch durch beispielsweise irgendwelche Kämpfe, bei denen Mitgliedern etwas zustößt (vgl. Frey 2018, S. 341). Dadurch müssen sich Gangs fle-xibel gliedern lassen und spiegeln daher -wie im vorherigen Kapitel bereits beschrieben- eine Sozialordnung wider, die natürlich angelegt ist und nicht festgelegt wurde. Die Rollen sind fest-gelegt durch Handlungen in bestimmten Situationen (vgl. Thrasher 1968, S. 45) oder durch be-stimmtes, notwendiges (Fach)Wissen (vgl. Densley 2013, S. 76).

So entspringt auch die Rolle des Anführers. Der wichtigste Charakterzug für diesen ist zum Bei-spiel Mut, der Anführer fürchtet sich nicht vor Dingen, wovor andere Angst haben. Wenn er vo-rangeht, fühlen sich die anderen sicher und verliert er mal einen Kampf, schreitet die Gang ein und versucht die Feinde zu eliminieren. Dies ist jedoch nicht so oft der Fall, da der Boss meist auch der beste Kämpfer ist. Außerdem ist er „ein Mann der Taten" und schnell und sicher in seinen Entscheidungen. Er würde für die Gang alles tun (vgl. Thrasher 1968, S. 239ff). Ein wei-terer wichtiger Punkt ist das unternehmerische Denken, welches einem Anführer sehr gut liegen muss, da die Gang ohne Wachstum stagniert oder gar scheitert (vgl. Densley 2013, S. 75). Je-doch kann es auch dazu kommen, dass ein Wechsel an der Spitze vorgenommen wird, wenn die Mitglieder wechseln. Macht der Anführer vor seinen neuen Mitgliedern einen Fehler oder missbraucht er deren Vertrauen, kann es das Ende seiner Führerschaft bedeuten und ein neuer Anführer wird gewählt (vgl. Thrasher 1968, S. 246f).

Daraus wird ersichtlich, dass sich der Anführer auch trotz seiner Machtposition an die Wünsche der Mitglieder anpassen muss. Er kann seine Gang zwar in gewisser Maßen führen, wie er es für richtig hält, darf ihre Loyalität und das Vertrauen jedoch nicht ausnutzen. So gelingt ihm eine gute Führerschaft und die Mitglieder unternehmen nichts ohne seine Einwilligung (vgl. Thrasher 1968, S. 245f). Diese klaglose Unterwerfung kann so groß sein, dass der Boss sie ins Gefängnis bringen kann, obwohl er selbst einen Fehler gemacht hat und dennoch wird er nicht verraten (vgl. Taylor/ Thiele 1998, S. 100).

Der Anführer kann von seinen Mitgliedern die Bereitschaft erwarten, ihm ohne hinterfragen zu folgen. Denn sind sie dazu nicht bereit, besteht die Möglichkeit ihre Mitgliedschaft infrage zu stellen (vgl. Kühl 2011, 84) und Folgen wie ein Ausschluss oder schlimmeres können entstehen. Das bedeutet, dass der Anführer die „Exit-Macht" über seine Gang hat und entscheiden kann, wer ihr angehören darf oder nicht. Dennoch darf auf hier der Anführer nicht die Komponente der „Karriere-Macht" vergessen, denn es muss gut überlegt sein, ob das Mitglied einen elementaren Beitrag für die Gang leistet und ihr beim Bestehen und Wachsen hilft (vgl. Kühl 2011, S. 86).

Als Zusammenfassung ist nun zu sagen, dass dieser starke Fokus der Hierarchie eher einen Schwerpunkt auf die Ungleichheit als auf die Gleichheit setzt (vgl. Oswald 1993, S. 356). Dennoch fügt sich jedes Mitglied seiner Position und erledigt die Aufgaben, die von ihm erwartet werden. Solange dies geschieht, ist die Struktur der Gang sicher.

Rekrutierung neuer Mitglieder

Und obwohl solch eine starke Hierarchie herrscht, ist die Rekrutierung neuer Mitglieder Alltag in einer Gang. Wie bereits geschrieben, deckt sich vor allem die Rekrutierung von neuen Mitglie-dern mit dem Finden von neuen Mitarbeiter*innen in Organisationen und stellt beide vor eine große Herausforderung. Aus diesem Grund wird in diesem Kapitel veranschaulicht, wie Mitglie-der rekrutiert werden, was es zu beachten gibt und welche Gefahren entstehen können. Dies wird wie bei James A. Densley veranschaulicht, der die Signaling-Theorie angewandt hat.

Meistens rekrutiert eine Gang ihre neuen Mitglieder aus dem eigenen Gebiet (vgl. Thiele 1996, S. 336), da diese im vertrauten Territorium leben und aufgewachsen sind und sich die Mitglieder noch mit am meisten auf sie verlassen können. Denn das Bestehen einer Gang ist dynamisch, weshalb eine vertrauliche und schnelle Rekrutierung von Nöten ist. Gründe für das Verlassen einer Gang können Gefängnisaufenthalte, Morde, neue Freunde, ein Umzug, das Finden einer attraktiveren Gang, Streit zwischen den Mitgliedern oder eine Hochzeit sein, was einer der häu-figsten Gründe ist. In jedem Fall ist jedoch klar, dass sich die Anzahl der Mitglieder oder das Leben bei Austritten nicht ändert, da die ausgetretenen direkt durch neue Mitglieder ersetzt wer-den (vg. Thrasher 1968, S. 32).

Wie dies von Statten geht, lässt sich am besten anhand der Signaling-Theorie erklären. Die Sig-naling-Theorie stammt von Densley und beschäftigt sich mit der Rekrutierung von neuen Mitglie-dern. Die Rekrutierung ist in Gangs eine zentrale Aktivität. Sie suchen nach Signalen, die mit deren Eigenschaften korrelieren. Die Mitglieder durchleuchten mögliche neue Mitglieder nach „hard-to-fake"-Signalen, was so viel bedeutet wie Signale, die schwierig vorzutäuschen sind. Das Rekrutieren in Gangs kann mit den organisierten Kriminellen oder rebellischen Aufständischen verglichen werden, denn alle haben das gleiche organisatorisch Problem: Der Bedarf an vertrau-enswürdigen, loyalen und kompetenten Mitarbeitern unter den erschwerten Bedingungen wie Illegalität. Sie können jedoch sogar mit jeder Art von Organisation verglichen werden, da grund-sätzlich die Schwierigkeit besteht, glaubwürdige und loyale Mitglieder zu finden. Daher werden oft diejenigen rekrutiert, die schon einmal auffällig waren (vgl. Densley 2012, S. 301f), weil sie bereit für illegale Aktivitäten sind.

Wichtig für die Gang ist, dass die Signale zuverlässig sind („in order to be effective, signals have to be reliable") (Densley 2012, S. 304). Die strategischen Kosten in Form von Aufwand, Raub oder Risiko stellen diese zuverlässigen Signale dar und vermitteln die Ehrlichkeit (vgl. Densley 2012, S. 305).

Um allerdings überhaupt Mitglieder rekrutieren zu können, muss vorerst der Kreis möglicher neuer Mitglieder eingegrenzt werden. Um so loyale und vertrauenswürdige Mitglieder wie mög-lich zu finden, findet die Rekrutierung normalerweise in der lokalen Umgebung statt, weil dort die potenziellen Leute besser zugänglich sind. Denn die Herkunft beschreibt eine zentrale Frage. Daher stellt die Nachbarschaft -wie oben bereits gesagt- eine wichtige Rekrutierungsquelle dar (vgl. Densley 2012, S. 308). Ein Beispiel hierfür ist: Eine in einer gewalttätigen Familie aufge-wachsene Frau, welche stets miterlebte, wie ihre Mutter geschlagen wurde. Durch diese Erfah-rung ist Gewalt auf der Straße nichts Neues für sie. Die örtliche Nähe legt ein weiteres Zeichen für die Berechtigung zur Gangmitgliedschaft dar und die Menschen kennen die Möglichkeit, Op-fer oder Täter der Gewalt zu werden (vgl. Densley 2012, S. 309). Ein weiterer wichtiger Punkt für die Eingrenzung ist die Frage, ob das potenzielle Mitglied die nötigen Aufgaben erfüllen kann. Denn scheidet ein anderer aus, kann stark vermutet werden, dass er seine Position mit den Aufgaben zu übernehmen hat. So muss erst die Aufgabe für das Mitglied definiert werden, bevor eine Person für genau diese ausgewählt wird (vgl. Kühl 2011, S. 26).

Dennoch muss vorerst auch geschaut werden, ob die Anwärter und Gang überhaupt zusammen-passen. Daher werden das Engagement (beispielsweise regelmäßiges Erscheinen, Bereitschaft zur Kriminalität) und auch ihre Kompetenzen (zum Beispiel Kämpfen) geprüft und gewertet. Au-ßerdem werden die Werte und Fähigkeiten getestet und mit denen der Gang verglichen. Hier wird sich die Frage gestellt: Passt die Identität auch zu der Gruppe? Für diese Eignung werden verschiedene Tests durchgeführt: Die Testperson muss bereit sein, ihre ganze Zeit der Gang zu widmen und immer pünktlich zu Treffen erscheinen (vgl. Densley 2012, S. 314).

Automatische Signale sind für das Screening auch ein wichtiger Bestandteil. Gangs vertrauen grundsätzlich nur der Familie, den engsten Freunden oder anderen, die so sind wie sie selbst. Dem kann Kühls Argument gegenübergestellt werden, dass es Organisationen egal ist, welchen ethnischen Hintergrund oder aus welcher Schicht die Mitglieder stammen (vgl. Kühl 2011, S. 26). Denn Gangs würden niemals ein Mitglied aufnehmen, dass aus einem anderen Territorium oder einer anderen Schicht kommt. Daher ist der Zutritt in eine Gang meist ohnehin schon einge-schränkt durch vorherige Verbindungen in eine Gang. Oftmals kann die Gangmitgliedschaft aber auch als eine „Familientradition" angesehen werden, weshalb die Anwärter klar ausgewählt sind. Ferner erhöhen Freundschafts- und Familienbeziehungen die Informationen über eine Person und geben dadurch mehr Sicherheit was die Person betrifft (vgl. Densley 2012, S. 307f). Aber auch Gewaltpotenzial, kriminelle Kompetenz und Treue sind vertrauensbildende Eigenschaften für die Rekrutierung (vgl. Densley 2012, S. 315).

Das Gewaltpotenzial ist eine grundlegende Fähigkeit, die jedes Mitglied mitbringen sollte. Denn jedermann sollte kämpfen und vor allem auch siegen können (vgl. Densley 2012, S. 310f). Außerdem schreibt Densley: „violence potential constitutes a trust-warranting property within the gang context" (2012, S. 311), weshalb Gewaltpotenzial nicht nur ein wichtiges Gut an sich ist, sondern auch der Beweis für Vertrauen und Loyalität. Dennoch ist es wichtig zu betonen, dass zu viel und wahllose Gewalt ebenfalls nicht gut ist und die Mitglieder daher in der Lage sein müssen, die Notwendigkeit der Gewalt einzuschätzen (vgl. Densley 2012, S. 311). Um das Potenzial besser einschätzen zu können, greifen bestehende Mitglieder ein neues Mitglied auf der Straße an und kämpfen mit ihm oder rauben es aus, um seine Reaktion zu testen. Dennoch ist wichtig zu sagen, dass die Bereitschaft zur Gewalt wichtiger ist, als die der Fähigkeit, denn das kann gelernt werden. Doch ist ein Mitglied nicht bereit, Gewalt anzuwenden, ist es nicht brauch-bar (vgl. Densley 2012, S. 311).

Ein potentielles Mitglied muss jedoch nicht nur Gewalt signalisieren, sondern auch Kriminalität. Denn die kriminelle oder straffällige Komponente ist genau das, was Gangs von Peer Groups unterscheidet. Daher ist die Suche nach kriminellem Potenzial von hoher Bedeutung und vergangenes kriminelles Verhalten wird in der Gang hoch angesehen. Aber auch Jugendliche ohne eine kriminelle Vergangenheit können sich in der Gegenwart der Bande -bei zum Beispiel Dieb-stählen- beweisen. Dieser Punkt ist für die Mitglieder so wichtig, da Kriminalität ein ehrliches Signal ist. Zudem schaffen illegale Handlungen ein Band zwischen allen Gangmitgliedern, weil jeder über das Verhalten des anderen Bescheid weiß und sie einen Grund finden, ihre Handlun-gen geheim zu halten. Dies fördert nochmals die Loyalität, das Vertrauen und den Zusammenhalt in der Gang (vgl. Densley 2012, S. 311ff).

Aufgrund der Signaling-Theorie ist nun ersichtlich geworden, dass der Rekrutierungsprozess sehr aufwendig ist und gut überlegt werden muss. Die Mitglieder haben wenig Vertrauen in Außenstehende und suchen sich die Anwärter daher oftmals aus dem Freundschafts- oder Familienkreis aus. Weiter müssen sie eine lange Probezeit durchlaufen, zeigen, dass sie bereit und fähig für Kriminalität sind und ihre Loyalität beweisen. Der Prozess an sich kann -wie oben schon vermutet- mit dem in Organisationen verglichen werden. Daher stellt sich auch die Frage, ob die Rekrutierung der Gangmitglieder wirklich eine geringere Form an Prozess darstellt als in anderen (außergesetzlichen) Organisationen (vgl. Densley 2012, S. 316). Bezogen auf den Aufwand wäre dies aber nicht zu vermuten. Lediglich der Punkt der Herkunft steht im Kontrast zu Organisatio-nen, da es diesen nur wichtig ist, ihre Position bestmöglich besetzen zu können, egal welchen Hintergrund die Person hat. Bei Gangs ist dies nicht der Fall, da der Hintergrund eine erhebliche Rolle für sie spielt.

Zum Schluss dieses Kapitels ist erkenntlich geworden, wie umfangreich das Thema Jugend-gangs sein kann und dass eine vollständige Definition mit all ihren Merkmalen und Charakteris-tiken einen zu großen Umfang für diese Arbeit darstellen. Es ist aufgefallen, dass Gangs zu trennen sind von anderen peer groups und sich in ihren Normen und Zwecken deutlich von an-deren Gruppen unterscheiden. Sie lassen sich durch ihre Struktur, die Hierarchie, gesetzte Ziele und vorgegebene Normen definieren. Hervorzuheben ist allerdings auch die unglaubliche Soli-darität unter allen Gangmitgliedern, die als selbstverständlich angesehen wird.

3.2.   Gruppensoziologie

Nun muss sich aber die Frage gestellt werden, inwieweit das Thema „Gangs" mit der Gruppenso-ziologie zusammenhängt beziehungsweise ob Gangs überhaupt als Gruppe verstanden werden dürfen. Um über den Begriff der Gruppe sprechen zu können, muss dieser zuerst definiert wer-den. Tyrell sieht die Heterogenität menschlicher Vergesellschaftungen in den unterschiedlichs-ten Bereichen: Wohngemeinschaften, Gangs, Kollegencliquen, Stammtische oder Freund-schaftsbünde (vgl. 1983, S. 78). Folgendes Kapitel widmet sich daher den obenstehenden Fra-gen und analysiert mögliche Zusammenhänge oder Differenzen zwischen Gruppen und Gangs. Für die Definition vom Gruppenbegriff besteht gleiches Problem wie bei Jugendgangs. Generell kann gesagt werden, dass eine eindeutige Definition nicht leicht ist, da Gruppen häufig anders verstanden werden. So bringt Kühl ein, dass die Gruppe mal als die Form eines jedes sozialen Systems verstanden wird, ein anderes mal als eine Menge von Personen mit analogen Merkma-len, für jede Art der Face-to-Face-Interaktion und manchmal werden komplette Organisationen als Gruppen verstanden (vgl. Kühl 2019). Letztendlich schreibt er aber, in der Soziologie sind „Kleingruppen gemeint, in deren Kommunikation eine personale Orientierung zwischen den Mit-gliedern herrscht" (Kühl 2019). Auch Tyrell betont deutlich, der Gruppenbegriff habe einen hohen Grad an inhaltlicher Unbestimmtheit wie auch Breite (vgl. 1983, S. 78). Neidhardt schreibt, die Gruppe kann als ein „soziales System [verstanden werden], das gegenüber anderen Kollektiven (z.B. gegenüber einfachen Sozialsystemen, Organisationen und Großverbänden) durch unmit-telbare und diffuse Mitgliederbeziehungen sowie durch relative Dauerhaftigkeit gekennzeichnet ist" (1979, S. 643f). Diese Definition einer Gruppe widerspricht sich jedoch zum Teil mit der De-finition und mit den Eigenschaften einer Jugendgang, die oben bereits festgestellt wurden. Die

„unmittelbare[n] und diffuse[n] Mitgliederbeziehungen" stehen im Widerspruch zu den meist strikt festgelegten Rollenverteilungen in einer Gang (siehe Kapitel 2.3.). Die beschriebene „relative Dauerhaftigkeit" passt sich dem Merkmal der Gangs an, welche, wie oben beschrieben, als sehr langlebig benannt werden können und teilweise über mehrere Generationen bestehen. Somit kann eine Gang laut dieser knappen Definition nur teils als eine Gruppe angesehen werden. Neidhardt führt die drei Kriterien allerdings noch weiter aus:

1) Das *Kriterium der Unmittelbarkeit von Beziehungen* ist von hoher Relevanz. Wichtig sind die „face-to-face"-Interaktionen, welche eine direkte Wahrnehmung und einen direkten Umgang sichern. Außerdem sind Gruppen von Makrosystemen wie Großorganisationen oder Verbän-den zu trennen. Dies erweist sich jedoch auch als schwierig, da es eine Abgrenzung zum allgemeinen Organisationsbegriff bedeutet, obwohl es auch kleine Organisationen wie bei-spielsweise Sportmannschaften gibt, wo eine „face-to-face"- Kommunikation möglich ist. Doch sind sie aufgrund der eher rationalen Handlungen überhaupt Gruppen und wenn ja, in welchem Maße (vgl. 1979, S. 642)?

2) Passend hierzu nennt Neidhardt das *Kriterium der Diffusität der Beziehungen* als ein weiteres wichtiges Merkmal für Gruppen (vgl. 1979, S. 642). Die Mitgliedschaftsbeziehungen sind ge-kennzeichnet durch die nicht genau festgelegten Zwecke oder Ziele innerhalb der Gruppe. Die Kommunikation und Ausdrucksmöglichkeiten sind in ihren Horizonten eher offen und die Persönlichkeit jedes einzelnen wird stark eingebracht. Somit kann gesagt werden, dass eine Organisation von einer Gruppe analytisch getrennt werden muss, wenn es auch empirische Überlappungen gibt (wie zum Beispiel bei Sportmannschaften) und so der Gruppenbegriff kein Gegenbegriff der der Organisation ist (vgl. 1979, S. 643).

3) Das *Kriterium der relativen Dauerhaftigkeit* fordert regelmäßige Begegnungen der Mitglieder. Die Mitgliedschaft besteht aber auch weiter, wenn sich über einen längeren Zeitraum nicht getroffen wurde. Dazu gehört die Fähigkeit zur Latenz, die einfache Situationssysteme nicht hervorbringen können. Damit dies möglich ist, ist die Entstehung von einem Wir-Gefühl, die Ausbildung von Systemidentität und auch ein Mindestmaß an Organisation obligatorisch (vgl. 1979, S. 643).

Nach diesen drei Punkten schreibt Neidhardt, dass die Gruppe als Systemtyp zwischen einem einfachen System und der Organisation verstanden werden kann und somit Elemente von bei-den enthält (vgl. 1979, S. 643). Dies ist ebenso daran zu erkennen, dass auch in Gruppen Nor-men für ein 'richtiges Verhalten' wie in Organisationen herausgebildet werden. Der Unterschied liegt dann jedoch darin, dass Normen in Organisationen ein elementarer Bestandteil sind und es in Gruppen Resultate gruppendynamischer Zufälle sind. Bilden sich aber immer weiter eindeu-tige Normen heraus, findet ein langsamer Prozess hin in Richtung Organisation statt (vgl. Kühl 2019)

Auf Gangs ist das insofern übertragbar, als dass sich viele Eigenschaften von ihnen den oben genannten etwas annähern. Hier kann beispielsweise die „face-to-face"-Interaktion genannt wer-den, wie auch die offene Kommunikation, die Wichtigkeit der einzelnen Persönlichkeiten, die Dauerhaftigkeit der Beziehungen oder die Fähigkeit zur Latenz. Außerdem ist das Vorhanden-sein von eigenen Normen ein Punkt, den Gruppen wie auch Organisationen abdecken. Komplett decken sich die Begriffe der Gangs und Gruppen allerdings nicht. So verfolgen Gangs oft Ziele, die klar formuliert werden (wie das Stehlen von Konsummitteln oder das Verkaufen von Drogen). Außerdem sind Gangs strukturiert angelegt, weshalb ein nicht so lockerer Umgang wie in Grup-pen herrscht. Zuletzt schreibt Neidhardt, dass Gruppen von Makrosystemen zu trennen sind, was eine Abgrenzung vom Organisationsbegriff bedeuten würde. Da klein angelegte Organisa-tionen wie Sportmannschaften aber auch Gruppen darstellen, bewegen sie sich dazwischen. So kann nun gesagt werden, dass sich auch Gangs zwischen dem Begriff der Gruppen und Orga-nisationen (die sehr viel strukturierter sind) einfinden können.

Des Weiteren schreibt Kühl, dass Gruppen zwar Zwecken folgen können, jedoch zugleich auf die Persönlichkeit der Mitglieder zugegriffen wird (vgl. 2019). Dieser Meinung ist ebenfalls Neid-hardt, denn laut ihm tragen die diffusen Mitgliederbeziehungen in sozialen Systemen dazu bei, dass individuelle Gefühle, Wahrnehmungen und Motivationen weniger distanziert werden kön-nen als in abstrakten Sozialgebilden. Weiterhin ist die unmittelbare Anwesenheit wie auch das andauernde Erfordernis der Vergesellschaftung ein weiteres Merkmal von Gruppen (vgl. 1979, S. 645).

Bei Gangs ist dies ganz ähnlich. Durch ihre anhaltende Mitgliedschaft verbringen die Mitglieder ihre gesamte Freizeit in der Gang. Dadurch bauen sich schnell persönlich Beziehungen auf und die Kommunikation wird immer weniger distanziert.

Der Punkt Tyrells, dass Gruppen fast keine Differenz zwischen Rollen und Personal sehen, ist nicht komplett deckend mit den Gangs. Treten Mitglieder aus einer Gruppe aus, ist ihr Ersetzen nicht so leicht als würde ein* Mitarbeiter*in aus einer Organisation ausscheiden. Der Grund hier-für ist, dass die Identität der Gruppe beziehungsweise dessen Selbsterhaltung einen personellen Wechsel nur schwer verträgt (vgl. 1983, S. 80). Dies mag daran liegen, dass jedes Mitglied in einer Gruppe seinen für sich passenden Platz einnimmt, der auf die individuelle Persönlichkeit zurückzuführen ist. In Gangs sieht das etwas anders aus: Durch die Hierarchien und die Rollen-zuweisungen (siehe Kapitel 2.3.) hat jedes Mitglied einen festen Platz. Scheidet beispielsweise der Anführer aus, weil er austreten möchte, ins Gefängnis kommt oder gar ermordet wird, muss die Gang diesen ersetzen und hoffen, aus den eigenen Reihen jemand vertrautes zu finden, der den Qualifikationen eines Anführers entspricht. Einerseits ist beim Ausscheiden des Mitglieds eine wichtige Persönlichkeit und enge Bezugsperson verloren gegangen. Daher fehlt auf der persönlichen Ebene ein erheblicher Teil der Gruppe. Tatsächlich lehnt sich die Rekrutierung neuer Mitglieder andererseits aber auch erneut etwas an die Besetzung von Stellen in Organi-sation an, da die Mitglieder bestimmte Aufgaben erfüllen müssen und nicht jeder der möchte, in die Jugendgang eintreten darf (siehe Kapitel 2.5.). So sind auch hier wieder Überschneidungen von Gruppen und Organisationen stark zu erkennen.

Durch die genannten Punkt ist zu sehen, dass die Zugehörigkeit mehr als nur ein einfaches Netzwerk persönlicher Verbindungen ist. Damit zusammenhängend ist das „Wir-Gefühl" in einer Gruppe, was die Zusammengehörigkeit beschreibt (vgl. Kühl 2019 und Tyrell 1983, S. 82). Sie ist das tragende Prinzip des Typs der Gruppe, durch welchen ein sechsfacher Sinn von Zusam-mengehörigkeit entsteht (vgl. Tyrell 1983, S. 82f):

1) Der bestimmte und unverwechselbare Kreis von Personen einer Gruppe.

2) Die Mitglieder stehen in einem besonderen Verhältnis: sie stehen nur untereinander in einer Beziehung und nicht mit anderen. Dies stellt eine Grenzziehung zur Umwelt dar.

3) Nach dem Motto „Einer für alle, alle für einen" gehört jedes einzelne Mitglied der Gruppe voll und ganz dazu.

4) Der Bestand und die Dauer spielen eine wesentliche Rolle, vor allem auch für die Zeiten des Nicht-Sehens.

5) Ständige Interaktionen finden untereinander statt. In der stetigen Gesellschaft der Gruppe wird das Interesse am Anderen geäußert.

6) Die Abwesenheit einzelner Mitglieder fällt auf. Die Anwesenheit der Mitglieder gilt für die Zu-gehörigkeit. Daher kann sich eine vermehrte Abwesenheit negativ auswirken (vgl. Tyrell 1983, S. 82f).

Die genannten sechs Faktoren für die Zusammengehörigkeit lassen sich alle ausnahmslos auf Jugendgangs übertragen. Sie verbringen beispielsweise ihre Zeit ausschließlich in ihrer Gang, besitzen ein hohes Maß an Loyalität und gehören somit alle -wie jeder andere auch- zur Gang dazu oder bauen auch persönliche Beziehungen auf und interessieren sich füreinander.

Nach diesem Kapitel ist nun klar, dass sich Gangs nicht voll und ganz als eine Gruppe verstehen lassen können, da es doch einige Punkte gibt, welche sich in Gangs und Gruppen unterscheiden. Gangs können als ein Systemtyp zwischen Gruppen und Organisationen verstanden werden, da sie Elemente von beiden beinhalten und sich in beiden Typen wiederfinden. Es kann gesagt werden, dass sich der Strukturtypus einer Gang mit dem einer Organisation sehr ähnelt und die ungeschriebenen Gesetze elementar für den Bestand einer Gang sind. Somit steht spätestens jetzt fest: Gangs sind eine sehr formalisierte Gruppe, strukturiert in einer Organisation.

4. Empirische Analyse mit dem Beispiel „mara"

Dieses Kapitel widmet sich nun der Empirie mit einer der wohl bekanntesten und gefährlichsten Gangs auf der Welt, die sich „mara" nennt. Um die Materie der Jugendgangs noch einmal zu vertiefen, wird sich der empirische Hauptteil dieser Hausarbeit mit den *maras* beschäftigen und die Fragen klären, was diese Gang auszeichnet, wie sie entstanden ist, zu welchen brutalen Taten die Gang in der Lage ist und ob die *maras* als solch großes Geflecht noch als Gruppe bezeichnet werden dürfen. Ferner wird sich mit den echten Beweggründen für den Eintritt be-schäftigt, wie auch mit den Anreizen, in der Gang zu bleiben. Hierfür werden die Mitgliedschafts-motivationen *Zwang* und *Kollegialität* verwendet. Letztendlich wird die Frage beantwortet, wie das Paradox der beiden Anreize dennoch das Bleiben in der Gang erklärt und die Anomietheorie von Merton wird für die rein soziologische Seite dargestellt.

Die maras sind vor allem in Zentralamerika stark vertreten. Am stärksten betroffen sind die Län-der El Salvador, Honduras und Guatemala. Aufgeteilt werden können die maras in zwei große, verfeindete Gangs: die mara Salvatrucha (kurz: MS 13) und die Mara Dieciocho (kurz: MS 18). Fast alle Banden in den betroffenen Ländern gehören einer von beiden an. Der Großteil der Gangmitglieder ist zwischen zwölf und 30 Jahre alt (vgl. Peetz 2004, S. 49). Zwar wurde in den Ländern bereits vor mehr als 15 Jahren ein anti-mara-Gesetz festgelegt (vgl. Peetz 2004, S. 57), so hat dies aber nicht den gewünschten Erfolg gebracht und die maras beseitigt.

Vor rund 15 Jahren waren die Mitgliederzahlen nicht ganz klar, sie wurden jedoch auf ca. 80.000 bis 500.000 geschätzt (vgl. Kusch 2005, S. 88). Auch aktuelle Zahlen sind schwer auffindbar. Geschätzt werden allerdings noch heute knapp 60.000 Mitglieder auf sechs Millionen Einwohner allein in El Salvador (vgl. Wiechmann 2017). Die Bereitschaft zum Eintritt kann ebenso an den hohen Mitgliederzahlen bewiesen werden. Denn die Zahlen sind dennoch so hoch, obwohl kaum jemand mehr als drei Jahre in einer Gang übersteht: „Länger überlebt kaum einer die *vida loca,* das „verrückte Leben"" (Peetz 2004, S. 50).

Entstanden sind die maras als Spätfolge der Bürgerkriege in den 1980ern in ihren Heimatlän-dern. Viele flüchteten in die USA und waren dort von Armut sehr stark betroffen. Um Respekt zu erlangen, schlossen sie sich Gangs an oder bildeten eigene. Zum Ende der Bürgerkriege in den 1990ern kam es zu einer Rückwanderungswelle aufgrund von Abschiebungen straffällig gewor-dener Nicht-US-Bürger. Dies folgte zu einem „Export" der Jugendgangs, die in ihren Heimatlän-dern weiterbestanden und sich enorm vergrößert haben. Die Ausbreitung wurde so groß, dass sich die Entwicklungsperspektiven der drei oben genannten Länder drastisch verschlechterten, da sie unattraktive Länder für Touristen sind und sich die Bewohner*innen nicht einmal auf die Straße trauen (vgl. Peetz 2004, S. 50f).

Den primären Sinn und Zweck der mara stellen laut Peetz jedoch die „Solidarität in der Gruppe und die Zugehörigkeit zu einem machtvollen, familien-, staats- und männerbundähnlichen Netz-werk" (2004, S. 49) dar. Durch den häufigen Raub, Diebstahl, Drogen- und Waffenhandel, die stetige Erpressung und sogar Auftragsmorde für die Finanzierung ihres Lebensunterhalts, wer-den sie allerdings als kriminelle Organisation wahrgenommen (vgl. Peetz 2004, S. 49f). Die Ur-sachen können aber noch tiefgründiger analysiert werden. So erweist sich das Fehlen wirtschaft-licher und sozialer Integrationsmöglichkeiten aufgrund von Armut als Grund für jegliche Form der Anomie (vgl. Peetz 2004, S. 51). Viele Jugendliche sehen keine Perspektiven für sich und erhal-ten keine Chance auf Bildung, Arbeit oder soziale Anerkennung (vgl. Kusch 2005, S. 88). Somit können sie aus der hilflosen Armut entfliehen und in eine mächtige Organisation mit einem sozi-alen Netzwerk und ausgebauter Solidargemeinschaft eintreten (vgl. Peetz 2004, S. 55). Damit liegt die Attraktivität der mara-Mitglieder in der ökonomischen Absicherung, dem schnellen Geld und dem Besitz an Markenprodukten. Daher entscheiden sich alle Mitglieder für die Art von Fa-milienersatz und schenken ihre komplette Treue der Gang und nicht ihrer Familie (vgl. Liebel 2008, S. 455). Der Eintritt ist allerdings auch in so formell aufgestellten Gangs wie den maras eine Entscheidung fürs Leben, aus welcher nicht einfach ausgetreten werden kann (vgl. Kusch 2005, S. 88). Weitere Nachteile werden in den ständigen Streitereien, den Drogen, den Witzen übereinander, der Diskriminierung oder der Verfolgung durch die Polizei sowie der Gefahr eines Aufenthalts im Gefängnis und natürlich auch dem Tod gesehen (Umfrage 1998 und 2001 in El Salvador). Dennoch entscheiden sich alle Mitglieder dafür sich anzuschließen, weil die Vorteile den Nachteilen überwiegen und ihre psychischen Bedürfnisse dort besser als woanders befrie-digt werden (vgl. Liebel 2008, S. 454f). Hier kann nun auch angenommen werden, dass jedes Mitglied lieber einen Status in selbst solch einer brutalen Gang hat, als gar keinen in der 'norma-len' Gesellschaft (siehe Kapitel 2.2.).

Der Ehrenkodex bei den maras lässt sich durch die Solidarität und das Ansehen ausdrücken, welche mit Abstand am Wichtigsten sind. In diesen Gangs würde jedes Mitglied für die Ehre der Gruppe bedingungslos töten und sterben, dies erinnert an totalitäre und faschistoide Züge. Die wichtigsten Begriffe in den maras lauten somit Ehre, Drogen und Gewalt. Doch auch die territo-riale Verankerung spielt vor allem hier eine bedeutend große Rolle. Jede clika (so werden die einzelnen Gangs eines Viertels genannt) besitzt ihr eigenes Territorium, lässt sich durch ihren eigenen Namen wiedererkennen und besteht aus ungefähr 20 Mitgliedern. Eindringlingen -vor allem aus verfeindeten und/ oder konkurrierenden clikas- kann kaum eine Überlebenschance zugemutet werden, wenn diese das Territorium unerlaubt betreten. Vor allem bei den maras herrscht eine starke Hierarchie. Der Rang in der clika wird durch die Anzahl an Morden festge-legt. Je mehr Menschen ein Mitglied getötet hat, desto besser sein Ansehen. Jede einzelne clika ist bis zur Internationalität mit anderen Gangs der MS 13 und 18 vernetzt, wobei die Führungs-personen die Knotenpunkte bilden. Braucht eine clika Hilfe, bieten andere direkt ihre Hilfe an und gewähren ihnen bei Bedarf auch Unterschlupf (vgl. Peetz 2004, S. 52). Weitere Merkmale sind die verschiedenen Kommunikationsarten, welche als Provokation gelten sollen:

1) *Tätowierungen*: Jede clika verfügt über individuelle Tattoos, welche die clika-Zugehörigkeit identifizieren und Auskunft über beispielsweise die Anzahl der Todesopfer gibt (vgl. Peetz 2004, S. 53).

2) *Gruppennamen* und *Pseudonyme*: Alle clikas lassen sich -wie oben bereits beschrieben- durch einen eigenen Namen charakterisieren und auch die Mitglieder bekommen jeweils bei Eintritt ein Pseudonym zugeteilt, mit welchem sie von nun an ausschließlich angesprochen werden. Die Namen sollen dafür sorgen, Angst einzuflößen und Respekt zu verbreiten (vgl. Peetz 2004, S. 53f).

3) *Kleidung* und *Haare*: Oftmals tragen Gangmitglieder weitere Kleidung, um möglichst cool auszusehen. Abgeschorene Haare sind weiterhin ein Markenzeichen und sollen ebenso pro-vozieren (vgl. Peetz 2004, S. 54).

4) *Graffitis*: Sie dienen der Funktion der territorialen Markierung (vgl. Peetz 2004, S. 54).

5) *Sprache* als wichtigstes Kommunikationsmedium: Sie stellt eine Mischung aus Slang und Geheimsprache dar und verfolgt den Zweck, dass Außenstehende Gespräche und Pläne nicht mitverfolgen können. Außerdem können Mitglieder durch Zeichensprache zeigen, wel-cher clika sie angehören (vgl. Peetz 2004, S. 54).

6) *Internet*: Früher waren die clikas auf bestimmten Seiten im Internet -zum Beispiel www.xv3gang.com- vertreten, um sich selbst darzustellen (vgl. Peetz 2004, S. 55).

Wie bereits erwähnt, sind die maras streng hierarchisch organisiert und schrecken vor keiner grausamen Tat zurück. Die kann auch die geringe Quote an Frauen und Mädchen laut Kusch von nur fünf Prozent erklären (vgl. 2005, 88). Peetz hingegen spricht nur ein Jahr vorher von einer weiblichen Quote von 20 Prozent. Was hier richtig zu sein scheint, bleibt unsicher, da auch die heutige Zeit keine wirklichen Zahlen nennt. Klar ist jedoch, dass Frauen in Gangs auch deut-lich wie solche behandelt werden. Bei Jungs oder Männern besteht das Aufnahmeritual im Zu-fügen von physischem Schaden, der aus 13 Sekunden heftigsten Prügeln besteht. Frauen, be-ziehungsweise Mädchen, können zwischen den Prügeln wählen oder dem Sex haben mit dem jedem männlichen Mitglied aus der Gang (vgl. Peetz 2004, S. 55f). Allein diese Tatsache stellt deutlich dar, wie Gangs strukturiert sind und wie das Ansehen von Frauen in diesen vertreten wird.

Anhand dieser Beschreibung der maras wurde nun schon deutlich, dass sie eine der extremen Gangs ist, welche vor dem Töten, Erpressen, Verprügeln und Rauben nicht zurückschreckt. Lo-yalität und Ansehen sind für sie die mit Abstand wichtigsten Regeln und müssen demnach stets befolgt werden, wenn kein Tod erwünscht wird. Dennoch würden alle Mitglieder bedingungslos für ihre Gang sterben, wenn es sein muss. Diese Hingabe kann schon fast als Mitgliedschaft in einer Sekte angesehen werden, aus der es auch kein Zurück mehr gibt und die Mitglieder so eingenommen werden, von ihrer Gruppe, dass es für sie nichts Anderes mehr gibt. Außerdem kann aufgrund der Gewaltbereitschaft und der Eintrittsrituale die niedrige Frauenquote gut erklärt werden.

Zum Abschluss wird noch auf eine Dokumentation eingegangen, welche über die maras in El Salvador berichtet. El Salvador hat mit 6.500 Morden pro Jahr die höchste Mordrate der Welt und zählt damit zum gefährlichsten Land der Welt. Jährlich werden bei sechs Millionen Einwoh-nern 2.000 als vermisst gemeldet. Und dies sind nur die offiziellen Zahlen. Einen erheblichen Anteil an diesen schockierenden Fakten tragen die knapp 60.000 Mitglieder der maras (vgl. Wiechmann 2017). Längst wurden die maras und andere Gangs in El Salvador vom obersten Gericht als Terrorgruppen eingestuft (vgl. Wiechmann 2017, 0.35min). Die Mitglieder entführen Bürger, erpressen Menschen und kassieren damit Schutzgelder (vgl. Wiechmann 2017, 0.36-

0.38min), welche Bürger zahlen müssen, um nicht getötet zu werden. Außerdem töten sie alle, die in Verdacht stehen, einer verfeindeten Gang anzugehören (vgl. Wiechmann 2017, 0.39-0.41min) und scheuen nicht einmal davor zurück. Ein Mord in El Salvador wird als Aufnahmeri-tual gesehen (vgl. Wiechmann 2017, S. 0.43-0.48min), weshalb ein potenzielles Mitglied der Pflicht nachkommen muss, einen Menschen umzubringen, um in die Gang eintreten zu dürfen. Dieses Ritual, das mittlerweile anscheinend so verbreitet ist, zeigt noch einmal, wie sehr die Gangs noch immer das Land bestimmen, denn knapp 10 Jahre zuvor war es laut Peetz noch kein Muss (siehe oben). Der Reporter berichtet in der Dokumentation, in El Salvador werden die Gerichtsmediziner so oft gerufen wie hier zulande Pizzadienste (vgl. Wiechmann 2017, S. 1.46-1.52min). Weiterhin ist die Macht der maras an der Kleiderordnung zu erkennen. Einwohner dür-fen beispielsweise nicht die Farben blau und weiß tragen, da sie nur von den Mitgliedern der MS 13 getragen werden dürfen. Auch das Tragen von Cortez Sneakern der Marke Nike kann un-denkbare Folgen haben: Wird jemand mit diesen Schuhen gesehen, kann er getötet werden. Ein „normaler" Tod wie das Erschießen ist mittlerweile jedoch selten. Die Gangs bringen ausnahms-los alle um, die in Verdacht stehen, dem Feind zu helfen und töten sich gegenseitig auf die grausamste Art und Weise. Ein Beispiel, welches hier genannt wird, ist der 15jährige Alex. Er kam 2016 nicht von der Schule und wird seitdem im Glauben der ganzen Familie vermisst, nur der Vater weiß über seine brutale Geschichte Bescheid. Alex ist in einer sicheren Gegend auf-gewachsen und musste aufgrund eines Umzugs durch das befeindete Gebiet zur Schule. Eines Tages wurde er nach der Schule von einem Freund weggelockt und wahrscheinlich von ihm wegen des Aufnahmerituals getötet, so glaubt sein Vater. Dieser hat im Wald zwei Finger, einen Schuh und einen Gürtel gefunden, seinen Sohn aber nicht. Ein anderes Beispiel für die grausa-men Morde ist Zeus, ehemaliger Gangleader der Barrio 18 und nun in Kooperation mit der Poli-zei. Er selbst hat 26-mal getötet, die Gang unter seiner Führung sogar ungefähr 150-mal. Zeus galt als der Kaltblütigste in seiner Gang, hat seine Opfer zerhackt und enthauptet, auch wenn sie noch am Leben waren, das war damals ganz normal für ihn. Er sagt, es sei eine Art Wettkampf unter den Gangs: „Wer mordet am grausamsten" (Wiechmann 2017)?

Anhand dieses Beispiels ist nun zu sehen, was für erbarmungslose Taten die Mitglieder der Gangs begehen, um sich selbst und ihre sogenannte Familie zu schützen. Die mara sind zu allem fähig und möchte man nicht enthauptet, zerstückelt, misshandelt oder anders gefoltert werden, sollte man sich ihnen nicht gegenüberstellen. Aus diesem Grund regieren sie auch ganze Stadtteile in El Salvador (vgl. Wiechmann 2017, 1.55-1.58min) und ein Ende scheint nicht in Sicht (vgl. Wiechmann 2017, 2.22-2.25min).

Bezug zur Gruppensoziologie

Doch wie können nun diese hochorganisierten Gangs als Gruppen beschrieben werden? Oder lassen sie sich doch eher in die Kategorie der Organisation einstufen und der Gruppenbegriff kann hier nicht angewandt werden? Diesen Fragen stellt sich nun folgendes Kapitel. Es wird darüber diskutiert, ob noch solch große Geflechte Eigenschaften von Gruppen aufweisen oder sie getrennt voneinander behandelt werden müssen.

Das Kapitel 2.4. hat sich bereits mit dem Bezug der Gangs zur Gruppensoziologie beschäftigt. Hier soll jetzt aber noch einmal explizit auf das Beispiel der maras eingegangen werden, da sie mit ihrem großen Geflecht mit kleinen, 'normalen' Gangs nicht zu vergleichen ist. Im bereits geschriebenem Kapitel zur Gruppensoziologie hat sich herausgestellt, dass sich Gangs stark an die Definition und Strukturmerkmale von Gruppen anlehnen. Deutlich wurde allerdings ebenso, dass sie genauso viele Überschneidungen mit wichtigen Faktoren aus Organisationen aufwei-sen. Dass sich die einzelnen clikas noch als eine Art „Randzone" der Gruppen verstehen können, ist klar. Vielleicht sind sie noch einmal etwas formeller und hierarchischer aufgebaut, von der Struktur her weisen sie jedoch erhebliche Ähnlichkeiten mit den zuvor beschriebenen Merkmalen der Gruppensoziologie auf. Doch wie kann nun noch das große Geflecht der maras als Gruppe bezeichnet werden? Wie im vorherigen Kapitel bereits erwähnt, werden die Mitglieder auf meh-rere 10.000 bis 100.000 geschätzt. Das Kriterium der Unmittelbarkeit ist damit nicht erfüllt. Na-türlich kann eine „face-to-face"-Kommunikation unter den einzelnen clikas und zwischen man-chen wenigen stattfinden, oder zwischen den Anführer der jeweiligen Gangs, ein kompletter di-rekter Umgang ist jedoch aus logischer Konsequenz nicht möglich. Auch das Merkmal der Diffu-sität lässt sich nur bedingt anwenden. Zwar ist ein offener Umgang untereinander möglich und jede clika verfolgt eigene Ziele, ebenso der große Bund der mara hat das Ziel, über jeder anderen Organisation zu stehen, allerdings ist bei der großen Anzahl an Mitgliedern die Persönlichkeit jedes einzelnen eher unwichtig. Zuletzt lässt sich auch die relative Dauerhaftigkeit nur bedingt auf die maras übertragen. Die meisten der Mitglieder haben sich wahrscheinlich noch nie gese-hen und regelmäßige Begegnungen unter allen Mitglieder scheinen unmöglich. Jedoch ist für das Erhalten der maras wichtig, dass die clikas erhalten bleiben und den Kriterien der Grup-pensoziologie folgen. Denn brechen die ganzen kleinen clikas auseinander, so existiert irgend-wann das große Geflecht der maras nicht mehr. Hier ist jedoch nun ebenso die Überlegung wichtig, ob dies nicht Ähnlichkeiten mit Organisationen widerspiegelt. Denn bricht eine Abteilung in einer Organisation zusammen und folgen weitere, kann ab einem gewissen Zeitpunkt die ganze Unternehmensstruktur einbrechen.

Die Rekrutierung neuer Mitglieder bei den maras kann ebenfalls mit der in Organisationen ver-standen werden. Anführer und Mitglieder mit viel Einfluss stellen die Bindeglieder der einzelnen clikas dar und halten das große Geflecht zusammen. Damit solch eine enorme Struktur geführt und erhalten bleiben kann, bedarf es die richtigen Leute. So ist schätzungsweise vor allem in den hohen Rängen der maras eine Rekrutierung formeller Basis wichtiger als auf persönlicher Ebene.

Das Kriterium der Zugehörigkeit und Zusammengehörigkeit Tyrells kann nun aber auch wieder zum Großteil auf die gesamten maras bezogen werden. Kurz zusammengefasst: Alle Mitglieder stehen in einem besonderen Verhältnis. Bei jeder einzelnen clika ist klar erkennbar, dass sie zu den maras gehört. Somit stehen sie alle in einer engen Beziehung und helfen sich gegenseitig. Wie bereits geschrieben wurde, gibt eine clika einer anderen clika Unterschlupf und eine Unterkunft, wenn diese in Schwierigkeiten und auf Hilfe angewiesen ist. Darüber hinaus spielt der Bestand eine wesentliche Rolle, so werden -so ist zu vermuten- ältere Mitglieder respektvoller auch von anderen clikas behandelt als neu eingetretene. Ebenso fällt die Abwesenheit von wich-tigen Führungspersonen auf und kann sich negativ auswirken. Natürlich ist hierbei die logische Konsequenz, dass nicht die Abwesenheit von jedem Mitglied auffällig ist, jedoch die der Mitglie-der, die sowieso im stetigen Kontakt stehen. So kann auch der letzte Punkt angewandt werden. Unter den Bindegliedern findet eine stetige Interaktion statt. Obgleich nicht alle Mitglieder der mara in Kontakt stehen, so wirkt sich die Kommunikation der Anführer auf jedes einzelne Mitglied ihrer clika aus.

Anhand dieses Kapitels ist nun klargeworden, dass auch die Großstruktur der maras einige Merkmale der Gruppen aufweist. So kann sie auf jeden Fall noch wie Gangs an sich als ein Strukturtypus der Gruppe verstanden werden, wichtig ist jedoch hier zu beachten, dass es sich noch mehr als in den einzelnen Gangs hin zu einer Organisation bewegt und die Charakteristiken beider Strukturen aufzeigst. Dennoch ist das Thema der Gangs und der maras in der Gruppenso-ziologie spannend zu beobachten, weil es eben als diese „Randzone" betrachtet werden kann und eine genaue Differenzierung und auch Einordnung fast unmöglich ist.

4.1.   Gründe für das Eintreten Jugendlicher

Wie kommt es nun, dass die Jugendlichen in eine Jugendgang einsteigen, explizit in solch brutale Gangs wie die maras? Welche Anreize haben diese Gangs für sie und was hat der Hintergrund der Jugendlichen damit zu tun? Mit diesen Fragen beschäftigt sich nun folgendes Kapitel. Es geht der Ursache auf den Grund, was die Jugendlichen bewegt, sich Gangs anzuschließen und ihr Leben in diese Gang zu stecken.

Oftmals haben Jugendliche aus der unteren sozialen Schicht ein Anpassungs- und Statusprob-lem, weshalb in ihren Augen die Abweichung als einzige Möglichkeit scheint. Sie haben die Wahl den Weg als College-, Eckensteher- oder Gangjungen zu nehmen und sehen hier oft keine an-dere Möglichkeit, als den des Gangjungen anzunehmen. So hängen die Jugendlichen beispiel-weise oft auf den Straßen herum, anstatt in die Schule zu gehen. Dieses stellt jedoch kein Ver-meidungsverhalten dar, viel mehr schwänzen sie die Schule, weil „ordentliche" Kinder hingehen. Dies hängt mit den drei Alternativen als Unterklasse-Jugendlicher zusammen. Den Jugendlichen bleibt- wie oben beschrieben- die Wahl, ob sie sich der Mittelklasse anpassen und die Art von „College-Jungen" werden, wie es die Gesellschaft von ihnen verlangt. Außerdem haben sie die Wahl, koexistent in der Mittelklasse zu leben und eine Art „Eckensteher-Junge" zu werden, wel-cher immer nur außen vor bleibt und nicht integriert wird. Oder sie entscheiden sich für das Ge-genteil des „College-Jungen" beziehungsweise verweigern die Koexistenz und verbringen ihre

Freizeit in einer Gang. Viele der Jugendlichen wählen die dritte Alternative und lehnen damit die Werte der Mitteklasse ab, weshalb sie schon 'rein aus Prinzip' den Schulbesuch negieren und sich den Gangs anschließen oder welche bilden (vgl. Trotha 1974, S. 25f). Sie identifizieren sich eher mit einem Mitglied in einer Gang als mit anderen sozialen Gruppen, womit ihre Position in der Gesellschaft definiert wird (vgl. Thrasher 1968, S. 230). Wie in Kapitel 4 bereits geschrieben wurde, sind die maras aus genau diesen Gründen entstanden, da die Mitglieder aus der sozial unteren Schicht kamen und sich nicht anpassen konnten/ wollten. Auch noch heute kommen die Mitglieder aus der Armut und suchen ihre Freunde auf der Straße, anstatt in der Schule.

Die logische Konsequenz für die Jugendlichen ist die Einhaltung der Unterschichtsnormen (vgl. Kühnel 2002, S. 1445), welche sich der Theorie der Gruppenkultur Trothas gleicht, dass die Jugendlichen dem Zwang unterliegen, mit den Normen und Werten der Bezugsgruppen im Einklang zu stehen (vgl. 1974, S. 26). Die Bezugsgruppen hier sind eine Organisationsform der Gruppe (mehr dazu in Kapitel 2.4.), welche als eine Art der Jugendkultur verstanden wird (vgl. Baumann 2010, S. 194). Dadurch, dass sich die Jugendlichen den Normen und Werten der Gangs anpassen, entwickelt sich ihre Kriminalität. Oftmals sind sie anfangs nicht gewalttätig oder kriminell, was sich im Laufe der Zeit in der Gang jedoch ändert. Denn schon beim Eintritt wird häufig von ihnen verlangt, eine Straftat zu begehen, um ihre Loyalität der Gang gegenüber zu testen (siehe Kapitel 2.5.). So wird das auch bei Neulingen in den maras gefordert. Es wird ex-plizit betont, dass vergangenes kriminelles Verhalten kein Muss ist, um in die Gang eintreten zu dürfen. Allerdings müssen sie eine Straftat begehen (bei den maras der Mord), um sich und ihre Loyalität zu beweisen. So wandeln sich die Jugendlichen hin zu einem kriminellen Mitglied.

Doch warum sind die Jugendlichen überhaupt dazu bereit, Straftaten zu begehen, um in eine Gruppe aufgenommen zu werden? Häufig kommen die Mitglieder aus schwierigen Wohngebie-ten und haben nicht viel Auswahl, was ihren Freundeskreis betrifft. So bleibt ihnen beispielsweise nur die Wahl zwischen Einzelgänger oder einem Mitglied einer Gruppe, die immer zusammen-hält. Außerdem schließen sich auch manche Jugendliche wegen mangelnder Entwicklung ge-walttätigen Gruppen an, da sie einfacher strukturiert sind. Bei ihnen ist die Hierarchie ganz klar vorgegeben und jeder hat seinen Platz. Machtkämpfe in der Familie können die Jugendlichen ebenso dazu bewegen. Sie bringen diese auf die Straße und schließen sich einer Gruppe für den Kampf gegen die Familie und das System an, um die Machtkämpfe auszugleichen und zu zeigen, dass sie nicht weniger wert sind. Dieser Auslöser von Heranwachsenden ist am proble-matischsten. Vermutet werden kann hier der persönliche Auslöser mit der Familie und die 'Ra-che', sodass die Jugendlichen nichts mehr zu verlieren haben und von ihren Vorhaben vollkom-men überzeugt sind. Ergänzen sich die Mitglieder dann auch noch und verfolgen allesamt das gleiche Bedürfnis, kann es zu einer Eskalation kommen, da sie sich von niemandem aufhalten lassen (vgl. Baumann 2010, S. 195). Dieser Absatz kann ebenfalls wieder ausnahmslos auf die maras übertragen werden. So kommen viele Mitglieder durch ihren Freundes- oder Familienkreis in die Gang und sehen sie als ihre neue Familie an, für die sie alles machen würden. Viele sind in gewalttägigen Familien aufgewachsen und sehen die Gang nun als Rebellion an.

Männliche Heranwachsende der sozial unteren Schicht reagieren als delinquente Subkulturen im Kollektiv auf dilettantische Aufstiegsmöglichkeiten und Teilhabechancen an der dominanten Kultur (vgl. Kühnel 2002, S. 1445). Diese Umstände, wie auch „[s]oziale Desorganisation und Armut, delinquente Peers, familiale Prozesse und personelle Unausgeglichenheit sind die Faktoren" (Thiele 1996, S. 335f), welche eine entscheidende Rolle für die Entstehung jugendlicher Gangs spielen. Aufgrund des Gefühls, nicht in die 'normale' Gesellschaft zu passen, fühlen sich die Jugendlichen nicht integriert und haben das Gefühl, sie würden keinen Platz in der Bevölke-rung zu besitzen. Somit ist es für sie eine logische Schlussfolgerung, sie spielen lieber egal wel-che Rolle in einer Gang, als keine draußen in der Gesellschaft. Es erscheint für die benachtei-ligten Jugendlichen als die beste Option, um ihr Ansehen zu erlangen und ist bedeutend für ihre Entwicklung. Dafür gehen die Gangmitglieder sogar soweit, dass sie straffällig werden. Denn eine Gerichtsakte oder gar ein Aufenthalt im Gefängnis stärkt das Ansehen in der Gang umso mehr. Für sie ist es folglich viel mehr ein Aufstieg zur Macht, wenn sie angezeigt werden, als eine Strafe (vgl. Thrasher 1968, S. 231). Daher kann die Mitgliedschaft für die Jugendlichen als Lösung zum Erfolg gesehen werden (vgl. Thiele 1996, S. 335). Vor allem bei den maras spielt die Gräuel der Taten eine erhebliche Rolle. Derjenige, der am schlimmsten mordet, wird am meisten angesehen und geachtet. So scheint es kein Wunder zu sein, dass sich die Mitglieder (wie in Kapitel 4 bereits geschrieben) für die Zuflucht in eine Gang entscheiden, um Beachtung und Anerkennung zu erlangen.

Wie nun schon sehr deutlich wurde, stellt die Bedeutung Gleichaltriger während der Suche nach Orientierungen in der Adoleszenz einen zentralen Orientierungsrahmen dar (vgl. Baumann 2010, S. 189). Dies lässt sich mit hoher Wahrscheinlichkeit auf die Entwicklung zurückzuführen, in wel-cher es den Jugendlichen sehr wichtig ist, sich mit anderen Gleichaltrigen zu treffen und auszu-tauschen. In dieses Bedürfnis fließen viele wichtige Faktoren mit ein. Zum einen schafft ihnen die Gang die Fähigkeit zum Überleben. Sie bietet den Mitgliedern Schutz, Sicherheit, Essen und Partnerschaften entstehen. Durch die engen Bindungen zueinander erhält jedes Mitglied soziale Unterstützung durch gemeinsame Ziele, Zuneigung und auch Geborgenheit. Sie tauschen sich untereinander aus und können den Bedarf an Kommunikation und Interaktion mit Gleichaltrigen decken, sich mit ihnen vergleichen und somit vielleicht sogar gut oder besser fühlen als andere, wenn sie beispielsweise stärker oder mutiger sind. Dadurch wird die soziale Identität und der po-sitive Selbstwert gestärkt. Ein Wir-Gefühl mit anderen Mitgliedern entsteht und jeder kann sich mit seinen Freunden identifizieren. Zuletzt wird durch verschiedene Gang-Aktivitäten ihre Pro-duktivität gefördert. Die Jugendlichen haben nicht mehr das Gefühl, zu nichts zu gebrauchen und für nichts gut genug zu sein und sehen eine Entwicklung und Verbesserung, auch, wenn die Ideen über ihr kriminelles Verhalten entstehen (vgl. Frey 2018, S. 335). Diese Punkte stärken das wichtigste Merkmal der maras: Die Solidarität. Durch die Zuflucht, den Schutz, den Zusam-menhalt und wirkliche Freunde entsteht das bereits genannte Gefühl der Zusammengehörigkeit und die Jugendlichen sehen das als signifikanten Anreiz, in eine Gang einzutreten.

Dadurch, dass die Heranwachsenden in der Jugendphase in den sozial-emotionalen Kompeten-zen unsicherer werden, ist die „face-to-face"-Kommunikation ein elementarer Bestandteil der Adoleszenz (vgl. Baumann 2010, S. 188f). Dies liegt daran, dass sie von ihren Kommunikations-partner Bestätigung suchen, um die Unsicherheit abzulegen. Jugendliche lernen ihr emotionales Kommunikationssystem bekanntlich neu zu kalibrieren (vgl. Baumann 2010, S. 183) und bedür-fen daher in ihrer Entwicklung einer spezifischen Förderung, damit sich die Gehirne vernünftig entfalten können. Wachsen die Jugendlichen dann aber in Problemfamilien oder -vierteln auf und werden in ihrer Entwicklung nicht gefördert, kann es dazu führen, dass „[s]oziale Deprivation und Isolation [...] der Entwicklung und damit auch dem Gehirn" (Baumann 2010, S. 186) schaden. Diese Phase der vorübergehenden Verunsicherung kann als eine Art von Hirnentwicklungspro-zess verstanden werden. Dieser Prozess kann dazu führen, ein Phänomen der Risikobereit-schaft zu entwickeln, welches durch die Anwesenheit von Gleichaltrigen noch gestärkt wird (vgl. Baumann 2010, S. 187f). Die Risikobereitschaft kann insofern erklärt werden, als dass die Ju-gendlichen bei den maras -wie bereits erwähnt- nach Ansehen, Aufmerksamkeit und Bestätigung suchen und wissen, dass das Eingehen von Risiken (wie beispielsweise kriminelles Verhalten) Ansehen und Respekt verschaffen kann.

Als Schlussfolgerung dieses Kapitels ist nun zu erwähnen, dass sich die Jugendlichen den Ein-tritt in eine Gang daher aussuchen, weil sie ihnen Schutz, Sicherheit und Anerkennung bietet. Viele Gangmitglieder der maras kommen aus der unteren sozialen Schicht und/ oder nicht aus guten Familienverhältnissen, weshalb sie in einer Gruppe Zuflucht suchen, die ihnen genau das bietet, was sie vermissen: Einen Platz, an dem sie beachtet und respektiert werden und der ihnen das Gefühl der Zugehörigkeit gibt.

Jugendsoziologie

Da jetzt bereits viele Punkte genannt wurden, warum die Heranwachsenden den Eintritt in eine Jugendgang als positiv wahrnehmen, wird in diesem Kapitel ein kurzer Blick auf die Psyche der Jugendlichen geworfen. Es soll sich folglich damit beschäftigt werden, wie sich Jugendliche in der Adoleszenz entwickeln und was überhaupt zu diesem Denken und Handeln führen kann.

Die Jugend ist bekanntlich eine Phase im individuelle Lebenslauf zwischen der Kindheit und dem Erwachsenenalter (vgl. Ohder 1992, S. 162). Sie wird auch als „Adoleszenz" bezeichnet. Die Phase ist ein „Stadium[...] des Umbruchs und des Übergangs" (Ohder 1992, S. 163), in welcher sich die Jugendlichen vom Elternhaus abkoppeln, jedoch noch nicht in die Welt der Erwachsenen mit den zugehörigen Zwängen, Verhaltensregeln integriert oder gar mit ihr vertraut sind. Dies kann zu Folgen wie Unsicherheiten im Verhalten und dem eigenen selbst führen. Es kommt zu einer Überforderung, auf die Ansprüche der Selbstständigkeit mit gesellschaftlichen Restriktio-nen zu reagieren und diese umzusetzen. Die Verunsicherung resultiert aus dem Wechsel von

Phantasien, der Versagensangst, der Korrelation von Allmachtsgefühlen und der Schutzbedürftigkeit. Dies sind alles Punkte, welche aus der Trennung vom Elternhaus und der eigentlich wol-lenden Selbstständigkeit entstehen. Die Adoleszenz ist ferner gekennzeichnet durch komplexe Aufgaben in der Entwicklung und signifikanten Problemen der Lebensbewältigung (vgl. Ohder 1992, S. 162f). Die Determinanten[4] sind folglich die Erfahrung neuer Körperlichkeit, Ablösung und Emanzipation von der Familie, Bedeutungszuwachs außerfamiliärer Bereiche Statusunsi-cherheit, Suche nach Identität, Auseinandersetzung mit gesellschaftlichen Normen, reduzierte Handlungskompetenz, Bedeutung des (sozialen) Raums und der Generationskonflikt (vgl. Ohder 1992, S. 163ff).

Besonders Heranwachsende sind sehr leicht beeinflussbar und anfällig für schwierige Situationen. Daher suggerieren sie auch die gesellschaftlichen Vorgaben und Möglichkeiten, wie die Jugendlichen ihre Entwicklungsaufgaben und -probleme bewältigen (vgl. Ohder 1992, S. 170). Doch nicht nur die Gesellschaft formt die Kinder, sondern auch die Familie hat einen starken Einfluss auf die Entwicklung. Erfährt ein Kind beispielsweise Gewalt in der Familie, legt es diese beim Eintritt in Freundesgruppen entweder komplett ab oder baut sie -wie Jugendliche in Gangs-sogar noch aus (vgl. Hodges et al. 2002, S. 626). Daran ist zu sehen, was für einen beachtlichen Einfluss (Freundes-)Gruppen auf Jugendliche haben, was die Aggressionen der Mitglieder be-trifft. Dieser Einfluss wird beispielshalber durch Normen der Gruppe geformt und gestärkt (vgl. Hodges et al. 2002, S. 634). Laut Yoblonski und Gerard sind diese Mitglieder gewaltbereiter Gangs emotional deformiert. Die delinquenten Handlungen sind ein Ausdruck von Verhaltens-störungen, welche auf falsche/ unzureichende familiäre Sozialisation zurückzuführen ist. Somit können sie als Folge bestehender psycho- oder soziopathischer Tendenzen erklärt werden (vgl. Ohder 1992, S. 178f).

Die Genese subkultureller Bezüge entsteht dadurch, dass Jugendlichen „typischerweise die Gratifikation verweigert [wird], die Erwachsenen für solche Konformitätsleistungen zuteilt werden" (Ohder 1992, S. 167). Damit ist das Entstehen dieser nonkonformistischen Verhaltensweisen eine Ausdrucksform der Bewältigung von Erfahrungen und Problemen. Diese entstandenen Subkulturen[5] sind jedoch klar zu trennen von den dominierenden Erwachsenenkulturen, da sie ei-gene Werte, Normen und Systeme besitzen. Aufgrund des durch die Subkultur entstandenen Lebensgefühls der Jugendlichen kann sie so zu einem allgemeinen Orientierungspunkt für sie werden (vgl. Ohder 1992, S. 167). Für die Festigung der Identität, Verarbeitung von Statusunsi-cherheit und „zur Erprobung und Aneignung bestimmter Sinn- und Verhaltensmuster bedarf es jedoch zusätzlich einer Instanz" (Ohder 1992, S. 167f), wie beispielsweise informellen Gruppen Gleichaltriger oder auch Sportmannschaften.

---

[4] Hier nur kurz als Stichpunkte zusammengefasst, da sie im Laufe der Arbeit schon beschrieben wurden oder noch beschrieben werden, um die Vielzahl an Determinanten zu betonen, denen Jugendliche ausgesetzt sind.
[5] Definition: „Subkulturen sind dabei definiert als Unter- oder Antisysteme der Gesellschaft mit eigenen, oftmals im Widerspruch zu den Moralbegriffen der Gesamtgesellschaft stehenden Überzeugungen und Normen" (Wickert 2018).

Zum Abschluss dieses Teilkapitels kann nun gesagt werden, dass vor allem -wie schon vermutet-die Familie, das soziale Umfeld aber auch die Gesellschaft einen erheblichen Einfluss auf die Entwicklung und Entscheidungen von Jugendlichen haben. Während der Adoleszenz sind die Heranwachsenden teils so verunsichert, dass sie sich die Bestätigung und Sicherheit überall außerhalb der Familie suchen und dort bleiben, wo sie sie finden.

4.2. Mitgliedschaftsmotivation Kollegialität

Wie bereits in der Einleitung des Kapitels 4 beschrieben, werden nach der Frage, warum Jugendliche in Gangs eintreten, im Folgenden die Anreize beschrieben, wieso sie ihr erhalten blei-ben. Hierfür gibt es fünf von Kühl definierte Möglichkeiten zur Mitgliedschaftsmotivation: *Geld, Zwang, Zweckidentifikation, Attraktivität der Handlung* und *Kollegialität* (vgl. Kühl 2011, S. 38ff). Essentiell für die maras sind vor allem die Motivationen *Kollegialität* und *Zwang* (Kapitel 4.3.), weshalb in dieser Arbeit aufgrund der Größe des Rahmens ausschließlich die beiden analysiert werden.

Wie am Anfang schon erwähnt, legt für die Mitglieder ein primärer Grund zum Eintreten die „Solidarität in der Gruppe und die Zugehörigkeit zu einem machtvollen, familien-, staats- und männerbundähnlichen Netzwerk" (Peetz 2004, S. 49) dar. Die Kollegialität ist somit ein wichtiges Motiv, der Gang beizutreten und ihr erhalten zu bleiben. Kühl schreibt, die Mitglieder seien „so-wohl zufriedener als auch leistungswilliger, wenn sie eine enge Bindung gegenüber ihren Kolle-gen empfinden" (2011, S. 44). Dies kann ohne Ausnahmen auf die Gangmitglieder übertragen werden, denn -wie bereits mehrfach betont- ist die Gang wie eine Familie für jeden einzelnen und sie sind bereit, für die 'Kollegialität' jeden Schritt zu gehen und jede Handlung auszuüben. Das bestätigt auch Kühls Aussage, dass eine gute Kollegialität erheblichen Einfluss auf das Ver-halten der Mitglieder hat. Andersherum kann Verhalten, das Pflichten verletzt, bestraft werden. So auch bei den maras, dort werden Mitglieder direkt verstoßen oder getötet, wenn sie die Re-geln missachten. Jeder einzelne hat das Verlangen, Teil von etwas zu sein und nach Kontakt und Gesellschaft, was durch die Kollegialität saturiert wird (vgl. Kühl 2011, S. 44).

Damit ist nun festzustellen, dass die Kollegialität eine wesentliche Motivation für die Mitglieder darstellt und im Gegensatz zu Unternehmen als alleiniger Faktor ausreicht (vgl. Kühl 2011, S. 45). Es kann so weit gegangen werden zu sagen, dass in den Gangs -vor allem den maras- die Kollegialität übergeht zu einem Familienersatz und daher ebenso der Hybrid zwischen Gruppe und Organisation entsteht. Nur, dass bei diesem Punkt sich die Gang als Organisation zu einer Gang als Gruppe hinbewegt. In vielen Fällen ist dies, wie bereits oft in dieser Arbeit festgestellt, andersherum der Fall (zum Beispiel Rekrutierung, Strukturen).

4.3. Mitgliedschaftsmotivation Zwang

Der weitere Anreiz für den Verbleib in einer Gang ist der des Zwangs. Der Zwang besteht nun darin, „den Exit der Mitglieder ausschließlich zu den von der Organisation bestimmten Bedingun-gen zuzulassen" (Kühl 2011, S. 39). Hierfür werden Erzwingungsmittel eingesetzt, damit die Teil-nahme an den Gangaktivitäten gesichert ist. Möchte ein Mitglied austreten, scheint die Möglich-keit sehr schnell nicht von Vorteil, da die „Exit-Kosten" so hoch angesetzt werden. Bei den maras kann die Überlegung zum Austritt bekanntermaßen bis hin zum Tod führen, wenn die Mitglieder in zu viel Struktur eingeweiht sind. Durch diese Folge überlegt sich jedes Mitglied in logischer Konsequenz zweimal, ob es wirklich aussteigen möchte. Dieses Beispiel ist zu vergleichen mit Armeen, bei denen auch die Androhung von Gefängnis oder der Mord eine Konsequenz des Austretens sein können (vgl. Kühl 2011, S. 39). Der Zwang ist dafür da, trotz häufiger grausamer Taten die Mitglieder weiterhin zu erhalten, das Bestehen der Gang sichern und Abweichen von Regeln bestrafen zu können (vgl. Kühl 2011, S. 40).

Ein weiterer Zwang könnte noch im Eintritt in die Gangs liegen. So haben wahrscheinlich viele Mitglieder beispielsweise der maras keine andere Möglichkeit gesehen, als in die Gang einzu-treten, um nicht in ständiger Gefahr zu leben und sich Freunde gesucht, die ihn beschützen können. Dahingegen kann auch Kühls Argument, dass es schwierig ist, „über die bloße Anwe-senheit der Mitglieder hinaus Folgebereitschaft herzustellen" (2011, S. 40) negiert werden. Denn wie in Kapitel 4.2. ersichtlich wurde, spielt die Kollegialität eine ebenso große Rolle.

Nun wird auch das Paradox klar: Zum einen bleiben Mitglieder den maras erhalten, weil sie ihre Freunde und Familie gefunden haben. Zum anderen sind es genau diese, die sie umbringen würden, wenn er gegen Regeln verstößt oder den Zwang bricht und aus der Gang austreten möchte. Eine mögliche Erklärung hierfür liefert das bereits analysierte Kapitel, warum Jugendli-che überhaupt eintreten und ihre Jugendsoziologie. Denn wie bekannt ist, suchen Jugendliche lediglich die Anerkennung und den Respekt, die sie haben möchten. Um einer Gruppe von Freunden anzugehören, sind ihnen die moralischen Folgen so gut wie egal und lediglich die Kollegialität, ein Teil der Familie zu sein, spielt die erhebliche Rolle für sie. Der Zwang, dass kaum eine Möglichkeit besteht, aus dieser Struktur wieder hinauszugelangen und dem Sekten-ähnlichen Typ zu entfliehen, ist für sie nebensächlich und nur ein negativer Beigeschmack des Ruhms und Ansehens. Andersherum kann es aber auch gedeutet werden, als wäre dieser Zwang, in einer Gang bleiben zu müssen, attraktiv für die Jugendlichen, weil sie genau wissen, dass sie bei korrektem Verhalten niemals ausgeschlossen werden können.

4.4. Anomietheorie nach Merton

Den Abschluss des Hauptteils bildet nun die Anomietheorie nach Merton, welche auf das Beispiel der maras angewandt wird. Die klassische kriminologische Theorie klärt das Auftreten von Kri-minalität auf und betrachtet die unterschiedliche Häufigkeit abweichenden Verhaltens[6] als seinen Untersuchungsgegenstand. Der Ansatz ist rein soziologisch und kann als sozio-strukturelle The-orie auf der Makroebene verstanden werden. Merton stützt seinen Ansatz auf die Soziologie wie Verhalten, Sozialstruktur, kulturelle Struktur, sozialen Druck, Normen und Ziele (vgl. Jacobsen 2008, S. 18f). Vor allem in Bezug auf die maras ist die Theorie sehr interessant, weil eine solch große, internationale Gang irgendwie begründet werden muss.

Die Anomie wird anhand von zwei Variablen gemessen: Die soziale Struktur und die kulturelle Struktur. Eine Gesellschaft gibt kulturell definierte Ziele, Zwecke, Normen und Interessen vor, die Anspruchs-Referenzen enthalten und Integrations- und Prestige abhängig der Mitglieder ist. Die Phase der Sozialstruktur definiert, reguliert und kontrolliert die durch Normen begrenzte ak-zeptablen, institutionellen Mittel zur Erreichung der kulturellen Ziele (vgl. Merton 1938, S. 672f). Ein Gleichgewicht kann nur entstehen, wenn beide Phasen erreicht werden und das Individuum damit befriedigt ist (vgl. Merton 1938, S. 674). Eine stabile Sozialstruktur erfordert daher die Ausgewogenheit beider Variablen (vgl. Merton 1938, S. 682), welche jedoch vor allem für sozial niedrige Schichten nicht leicht zu erreichen ist.

Dies liegt daran, dass die Gesellschaft Reichtum als Symbol für Erfolg vorgibt (vgl. Merton 1938, S. 675). In Amerika beispielweise sorgt die Betonung von finanziellem Erfolg und Ehrgeiz, diesen zu erreichen für Ängste, Feindseligkeiten oder abweichendes Verhalten bei den Menschen, für die die notwendigen institutionellen Mittel nicht erreichbar sind. Denn die Erwartung von Ansehen und Reichtum steht in absoluter Diskrepanz mit der Bereitstellung institutioneller Mittel. Dadurch, dass vor allem in Amerika diese Mentalität herrscht, ist hier abweichendes Verhalten und das Auftreten von Gangs deutlich ausgeprägter als zum Beispiel in Asien, wo Armut eher akzeptiert wird. Abweichendes Verhalten wird somit durch die Gesellschaft hervorgerufen durch Werte, die Klassenstruktur oder einen differenzierten Zugang zu Mitteln für die Verfolgung der kulturellen Ziele (vgl. Merton 1938, S. 679ff).

Dadurch wird amoralische Intelligenz ausgelöst, denn diese ist für die Betroffenen das Mittel zum Zweck gegen moralisches Versagen (vgl. Merton 1938, S. 679). Es wird überlegt, welche für sie verfügbaren Mittel am effizientesten sind, um gesellschaftlich anerkannt zu werden. Hier wird das sinnvollste Verfahren dem vorgeschriebenen Verhalten vorgezogen und Legitimität oder Il-legitimität spielt keine Rolle mehr. Dies kann als der Schritt in die Anomie bezeichnet werden (vgl. Merton 1938, S. 674), da die Menschen den durch die Gesellschaft gestellten Normen und Vorgaben abweichen und sich als isolierte Gruppe oder Einzelgänger ihr gegenüberstellen. Die illegalen Handlungen wie Betrug oder Korruption werden immer häufiger, je nachdem wie groß die Differenz zwischen den kulturellen Erfolgszielen und den dafür bereitgestellten Mitteln ist.

---

[6] Trotha: „Abweichendes Verhaltens ist eine Anpassungsform von Mitgliedern einer Gesellschaft an eine Situation, in der eine Diskrepanz zwischen Sozialstruktur und kultureller Struktur besteht, die den Zusammenbruch der kulturel-len Struktur herbeiführt" (1974, S. 11).

Somit kann gesagt werden, dass antisoziales Handeln auf biologische Triebe zurückzuführen ist, die die auferlegten Zwänge brechen (müssen) (vgl. Merton 1938, S. 675f).

Allerdings kann nicht davon ausgegangen werden, dass jeder der in einer sozialen niedrigen Schicht aufwächst/ lebt, auch zu abweichendem Verhalten neigt. Denn generell gibt es laut Mer-ton fünf Anpassungsmodi innerhalb einer Gesellschaft oder Gruppe, wobei Personen auch durch verschiedene soziale Aktivitäten (Rollenanpassungen) von einer Alternative zu einer anderen springen können (vgl. Merton 1938, S. 676).

1) *Konformität*: Die Konformität ist am weitesten verbreitet. Hier sind konventionelles Verhalten und Rollenanpassung ganz normal, jeder folgt den kulturell definierten Zielen. Ohne das Übergewicht der Konformität gäbe es keine Stabilität und Kontinuität in der Gesellschaft (vgl. Merton 1938, S. 677).

2) *Innovation*: Eine Innovationsreaktion wird ausgelöst durch eine unzureichende Sozialisierung. Es entsteht ein Konflikt und die Frustration durch den Verzicht auf institutionelle Mittel. Dadurch wird das Streben nach Erfolg aufgegeben (vgl. Merton 1938, S. 678).

3) *Ritualismus*: Die Assimilation institutioneller Anforderungen führt zum Ritualismus. Das gesellschaftliche Ziel wird als unerreichbar gesehen, die Konformität mit den Normen und Inte-ressen der Gesellschaft bleibt aber dennoch bestehen (vgl. Merton 1938, S. 678).

4) *Rebellion*: Die Rebellion zeigt die Emanzipation von herrschenden Normen aufgrund von Frustration oder marginalistischer Perspektiven. Die Menschen dieser Gruppe versuchen eine neue Gesellschaftsordnung einzuführen und die ursprüngliche somit zu verdrängen. Es erfolgt eine Anpassung an die Illegitimität durch den Einsatz von konventionell verbotenen aber wirksamen Mitteln, um immerhin ein Abbild des kulturell definierten Erfolgs und Reich-tums zu erlangen (vgl. Merton 1938, S. 678).

5) *Apathie*: Das Gegenteil von Punkt eins ist am wenigsten verbreitet und nennt sich Apathie oder auch Ablehnung. Die Menschen hier gehören zwar zu der Gesellschaft, aber nicht in sie. Das bedeutet, sie sind nicht integriert (zum Beispiel Alkoholiker, Drogenabhängige oder Psychotiker) und haben die definierten Ziele längst aufgegeben, da sie nicht im Einklang mit den institutionellen Mittel stehen. Hier entsteht doppelter Konflikt, denn die Verpflichtung zur Annahme der institutionellen Mitteln steht im Kontrast mit dem Druck, auf illegitime Mittel zurückzugreifen, um die kulturellen Ziele zu erreichen. Hier ist nun deutlich geworden, dass Niederlage, Stillstand und Resignation zu Fluchtmechanismen führen. Es findet eine Flucht vor den Anforderungen der Gesellschaft statt wegen der nichterreichten Ziele durch legitime Maßnahmen und der Unfähigkeit durch verinnerlichte Verbote und Zwangsmaßnahmen den illegitimen Weg einzuschlagen. Dadurch entsteht die Lösung des Konflikts, bei welcher die Ziele und Mittel einfach beseitigt werden und die Flucht damit vollendet und der Konflikt beseitigt ist (vgl. Merton 1938, S.677f).

Anhand dieser Punkte ist nun deutlich geworden, wie unterschiedlich Menschen auf ihre Lebensumstände reagieren. All das wird gesteuert durch die Persönlichkeit und den kulturellen Hintergrund (vgl. Merton 1938, S. 678).

Der Schritt in Richtung Erfolg über konventionelle und legitime Wege ist erkennbar schwierig für diejenigen mit wenig Bildung und zur Verfügung stehenden Mitteln. Der Druck des Erfolgsstan-dards sorgt somit häufig für die Verwendung wirksamer Mittel, welche illegitim sind (vgl. Merton 1938, S. 679). Daher kann laut Merton abweichendes Verhalten als ein normales Ergebnis ge-sehen werden, wenn Armut und damit verbundene Nachteile im Wettbewerb für die kulturellen Werte in Assimilation mit der kulturellen Bedeutung des Reichtums als Symbol für Erfolg stehen. Armut, begrenzte Möglichkeiten und ein System von Erfolg stehen nun als Erklärung für den Zusammenhang von Armut und Kriminalität. Zum Schluss heißt es, das Ende rechtfertigt die Mittel. Wenn kulturelle Ziele unverhältnismäßig hoch angesteckt sind, müssen illegale Wege ge-nutzt werden: „The-end-justifies-the-means" (1938, S. 681).

Zum Ende dieses Kapitels wird deutlich, dass ein Abrutschen in die Anomie aufgrund von sozi-aler Herkunft, den Zielen und Normen der Gesellschaft und der Nicht-Bereitstellung dieser erklärt werden kann. So können auch Gangs als logische Konsequenz ihres gesellschaftlichen Status gesehen werden. Wie in dieser Arbeit bereits klar herausgestellt wurde, kommen die meisten Gangmitglieder aus einem sozial schwachen Milieu, mit wenig Geld, Bildung und keiner Perspektive für ihr Leben. An dieser Stelle ist der Zusammenhang zwischen der Anomietheorie und dem Thema Jugendgangs schon fast selbsterklärend. Viele Jugendliche können die Anforderungen der kulturellen Struktur nicht erfüllen, da ihnen die Mittel zur Erfüllung der Sozialstruktur fehlen. So entwickelt sich bei ihnen die amoralische Intelligenz und sie schließen sich entweder eine Gang an oder gründen eine, um unter anderem finanziell und materiell höher dazustehen. Da greift hier die Illegalität ein und die Gangs passen sich dem Modus der *Rebellion* an. Vor allem bei Gangs ist deutlich zu erkennen, dass sie ihre eigene Gesellschaftsordnung aufstellen und sich von den Normen und Vorschriften der eigentlichen Gesellschaft komplett abwenden. Sie begehen Raubüberfälle, Erpressungen oder Morde, um sich ihren Lebensunterhalt und ihr Ansehen in der Gemeinschaft anders zu sichern. Dadurch, dass in Ländern wie El Salvador, Honduras oder Guatemala die Armut so verbreitet ist, bilden sich speziell hier viele Gangs mit ihren eigenen Regeln und die Gesellschaft und Behörden sind machtlos.

5. Fazit und Ausblick

Anhand dieser Arbeit ist nun klargeworden, dass Jugendgangs nicht nur irgendein Problem sind. Durch die langlebige Beständigkeit tradierter Gangs sind häufig ganze Stadtteile oder Länder in Gefahr und von den Mächten der herrschenden Gangs eingenommen. Es wurde ersichtlich, dass Gangs nur sich selbst schützen und ihnen jeder andere Mensch, der nicht zu ihrer Gruppe gehört, vollkommen egal ist. Häufig geht es dann sogar so weit, dass Mitglieder andere Einwohner*innen töten, wenn sie Dinge tun, die ihnen nicht gefallen.

Gangs sind sehr komplex aufgebaut und haben eine feste Struktur. Diese Struktur sorgt dafür, dass sich jedes Mitglied so verhält, wie es von ihm verlangt wird und nur die Gang als oberste Priorität sieht. Die Loyalität steht in Jugendgangs an erster Stelle und wird von jedem einzelnen Mitglied sehr ernst genommen. Dies ist auch der Grund, weshalb die meisten Jugendlichen ein-treten. Wie festgestellt wurde, suchen viele einen Ersatz für ihre Familie und finden diesen in einer Gang, in welcher sie angesehen und respektiert werden. Die kriminellen Machenschaften nehmen sie in Kauf, um einer Gang weiter angehören zu dürfen. Außerdem ist es für sie sehr attraktiv, durch illegales Handeln noch mehr Respekt und Ruhm zu erhalten. Wichtig ist jedoch auch zu betonen, dass es ausschaut, als würden einige Mitglieder den Regeln in ihrer Gang folgen, um nicht verspottet, verhöhnt oder gar getötet zu werden. Denn wenn ein Mitglied gegen ein ungeschriebenes Gesetz in seiner Gang verstößt, kann dies tödliche Folgen haben.

Außerdem ist als bedeutendes Fazit aus dieser Arbeit festzuhalten, dass sich Gangs sehr wohl als Gruppen verstehen können. Ebenso wichtig zu beachten ist allerdings, dass sie sich in einer Art „Randzone" befinden und ebenso viele Gemeinsamkeiten mit dem Typus der Organisation aufweisen. So können sich Gangs im Endeffekt weder als Gruppentyp noch als Organisationstyp verstehen. Auch die internationale Gang der maras weist noch Elemente der Gruppen auf und wird trotz ihrer Größe ebenso als Typ zwischen Organisation und Gruppen gesehen. Wobei hier der Schluss gezogen wurde, dass sie sich immer weiter zu einem Organisationstyp entwickelt. Festzulegen ist dies vor allem an der Rekrutierung der Mitglieder, welche aufgrund des Prozes-ses sehr viel Ähnlichkeiten mit der Mitarbeiterrekrutierung in Unternehmen hat.

Die Frage, was die Jugendlichen dazu bewegt, in Gangs einzusteigen und ein Bestandteil von ihnen zu bleiben, konnte erfolgreich geklärt werden. Die Mitglieder sehen überwiegend die Vor-teile der Solidarität, Freundschaft, des Ansehens, Respekts und Schutzes und blenden die Nach-teile wie das kriminelle Verhalten des Tötens oder Erpressens aus. Für sie ist die Gang eine Familie und daher entscheiden sie sich auch für das Bleiben. Dies liegt aber auch an dem Zwang, der für sie besteht, da ein einfaches Austreten ohne Folgen kaum möglich ist. Interessant für die Zukunft wäre, die anderen drei Anreize Kühls auf Gangs anzuwenden und zu schauen, ob sich hier ebenso Paradoxe ergeben, wie bei den zwei analysierten in dieser Arbeit.

Die zentrale Aussage dieser Arbeit lässt sich nun in drei kurze Punkte zusammenfassen:

1) Die Loyalität und Solidarität in Gangs begründet den Eintritt und Verbleib in Gangs, die Nachteile wie Kriminalität oder die Gefahr des Todes sind für sie in diesem Falle neben-sächlich.

2) Das Paradox zwischen Kollegialität und Zwang als Anreize kann durch die Suche nach der Befriedigung von Bedürfnissen und dem Nicht-Vorhandensein von Alternativen der Mitglieder erklärt werden.

3) Gangs sind aufgrund ihrer Strukturmerkmale ein Hybrid aus Organisationen und Grup-pen. Je nach Kategorie (beispielsweise Rekrutierung, Freundschaft, Struktur) kommen sie

dem Typus von Gruppen oder Organisationen näher.

Letztendlich kann festgehalten werden, dass Jugendgangs ein weiterhin bestehendes, großes Problem für die Gesellschaft sind und vor allem stark betroffene Länder gar überfordert mit der Macht dieser Gangs sind. So ist abzuwarten, wie sich das Phänomen weiterentwickelt. Klar ist jedoch, dass ein Stoppen fast unmöglich zu sein scheint, wenn es in den sozialen schwachen Gebieten beziehungsweise in manchen betroffenen Ländern nicht zu einem wirtschaftlichen Auf-schwung kommt und die Armut besiegt wird.

6. Literatur

Baumann, Menno. „Jugendgangs und Stadtteilcliquen – Interdisziplinäre Versuche des Verstehens".
In *Jahrbuch Jugendforschung*. Hrsg: Ittel, Angela/ Merkens, Hans/ Stecher, Ludwig, 10. Aufl.,
183–206. Wiesbaden: Springer Fachmedien, 2010.

Densley, James A. *How Gangs Work. An Ethnography of Youth Violence.* Basingstoke:
Palgrave Macmillan, 2013.

Densley, James A. „Street Gang Recruitment: Signaling, Screening, and Selection", Social Prob-
lems, 59, Nr. 3: 301–321, 2012.

Dubert, François. „Die Logik der Jugendgewalt: Das Beispiel der französischen Vorstädte." In
Sozio-logie der Gewalt, 37:220–234. Kölner Zeitschrift für Soziologie und Sozialpsychologie.
Wiesba-den: Westdeutscher Verlag GmbH, 1997.

Frey, Dieter. *Psychologie der Rituale und Bräuche. 30 Riten und Gebräuche wissenschaftlich
analy-siert und erklärt.* Berlin: Springer-Verlag GmbH, 2018.

Hodges, Ernst V.E., Noel A. Card, und Jenny Isaacs. „Das Erlernen von Aggression in Familie
und Peergroup." In *Internationales Handbuch der Gewaltforschung. Hrsg: Heitmeyer,
Wilhelm/ Hagan, John*, 619–638. Wiesbaden: Westdeutscher Verlag GmbH, 2002.

Howell, James C. „Youth Gangs". U.S. Department of Justice, 1997.

Jacobsen, Gönke Christin. *Sozialstruktur und Gender. Analyse geschlechtsspezifischer Kriminalität
mit der Anomietheorie Mertons.* Wiesbaden: VS Verlag für Sozialwissenschaften, 2008.

Kühl, Stefan. *Organisationen. Eine sehr kurze Einführung.* Wiesbaden: VS Verlag für
Sozialwissen-schaften, 2011.

Khl, Stefan. „Von der notwendigen Unterscheidung von Gruppe und Organisation". Sozialtheoristen,
2019. Online verfügbar unter: https://sozialtheoristen.de/2019/09/24/von -der-notwendigen-un-
terscheidung-von-gruppe-und-organisation/#more-8423. Zuletzt geprüft am 12.04.2020.

Kühnel, Wolfgang. „Gruppen, Gangs und Gewalt". In *Internationales Handbuch der Gewaltforschung. Hrsg: Heitmeyer, Wilhelm/ Hagan, John*, 1441–1456. Wiesbaden: Westdeutscher
Ver-lag GmbH, 2002.

Kusch, Johanna. „Ley Antimara' – Ein Gesetz, zur ,Bekämpfung' von Jugendbanden", NK Neue
Kri-minalpolitik, 3, Nr. 17: 88–89, 2005.

Merton, Robert K. „Social Structure and Anomie", American Sociological Association, 3, Nr. 5:
872– 682, 1938.

Mitchell, Meghan M., Chantal Fahmy, David C. Pyrooz, und Scott H. Decker. „Criminal Crews,
Codes, and Contexts: Differences and Similarities across the Code of the Street, Convict
Code, Street Gangs, and Prison Gangs", Deviant Behaviour, 38, Nr. 10: 1997–1222, 2017.

Neidhardt, Friedhelm. „Das innere System sozialer Gruppen", Kölner Zeitschrift für Soziologie
und Sozialpsychologie, 31: 639–660, 1979.

Ohder, Claudius. *Gewalt durch Gruppen Jugendlicher : eine empirische Untersuchung am Beispiel
Berlins.* Berlin: Hitit Verlag, 1992.

Oswald, Hans. „Gruppenformationen von Kindern". In *Handbuch der Kindheitsforschung. Hrsg:
Markefka, Manfred/ Nauck, Bernhard*, 353–364. Neuwied: Luchterhand, 1993.

Peetz, Peter. „Zentralamerikas Jugendbanden: ,Maras' in Honduras, El Salvador und Guatemala".
In *Brennpunkt Lateinamerika*, 5:49–64. Institut für Iberoamerika-Kunde, 2004. Online verfügbar
unter: https://nbn-resolving.org/urn:nbn:de:0168-ssoar-444082. Zuletzt geprüft am 12.04.2020.

Thiele, Gisela. „Auf der Straße und ausgegrenzt: Gangs in den USA und Jugendkulturen in
Deutschland. Eine vergleichende Betrachtung", Archiv für Wissenschaft und Praxis der
sozia-len Arbeit, 27: 334–343, 1996.

Thiele, Gisela, und Carl. S. Taylor. *Jugendkulturen und Gangs: eine Betrachtung zur Raumaneig-
nung und Raumverdrängung, nachgewiesen an Entwicklungen in den neuen Bundesländern
und den USA.* Berlin: Verlag für Wissenschaftliche und Bildung, 1998.

Thrasher, Frederic M. *The Gang.* 3. Aufl. Chicago: The University of Chicago Press, 1968.

Trotha, Trutz von. *Jugendliche Bandendelinquenz. Über Vergesellschaftsbedinungen von
Jugendli-chen in den Elendsvierteln der Großstädte.* Stuttgart: Ferdinand Enke Verlag, 1974.

Tyrell, Hartmann. „Zwischen Interaktion und Organisation I. Gruppe als Systemtyp". In
Gruppensozi-ologie. Perspektiven und Materialien., 25:75–87. Kölner Zeitschrift für Soziologie
und Sozial-psychologie. Wiesbaden: Westdeutscher Verlag GmbH, 1983.

Ulferts, Frederic. *El Salvador und MS-13 - Die Gang des Bösen*. ZDF, 2019. Online verfügbar
  unter: https://www.zdf.de/nachrichten/heute/die-gang-des-boesen-ms-13-in-el-salvador-
  100.html. Zu-letzt geprüft am 12.04.2020.
White, Rob. *Youth gangs, violence and social respect. Exploring the Nature of Provocations
  and Punch-Ups*. Basingstoke: Palgrave Macmillan, 2013.
Whyte, William Foote. *Die Street Corner Society- Die Sozialstruktur eines Italienerviertels*. 3. Aufl.
  Berlin; Boston, 2011.
Wickert, Christian. „Subkulturtheorie (Cohen)". SozTheo, 2018. Online verfübar unter:
  https://soztheo.de/kriminalitaetstheorien/lernen-subkultur/subkulturtheorie-cohen/. Zuletzt ge-
  prüft am 12.04.2020.
Wiechmann, Jan-Christoph. *Tyrannei der Gangs. Im gefährlichsten Land der Welt*. stern, 2017.
  On-line verfügbar unter: https://www.stern.de/panorama/weltgeschehen/el-salvador–im-
  gefaehr-lichsten-land-der-welt-6835632.html. Zuletzt geprüft am 12.04.2020.
Youkhana, Eva Shamiran. *Subkultur und Jugendbanden : Überlebensstrategien ausländischer Jugendlicher in Deutschland*. Bd. 89. Mundus Reihe Ethnologie. Bonn: Holos-Verlag, 1996.

BEI GRIN MACHT SICH IHR WISSEN BEZAHLT

- Wir veröffentlichen Ihre Hausarbeit,
  Bachelor- und Masterarbeit

- Ihr eigenes eBook und Buch -
  weltweit in allen wichtigen Shops

- Verdienen Sie an jedem Verkauf

Jetzt bei www.GRIN.com hochladen und kostenlos publizieren